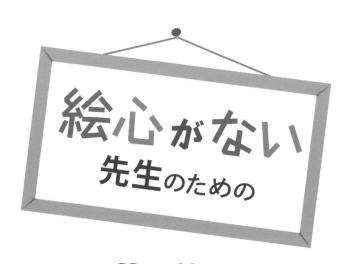

絵心がない先生のための

図工指導のコツ50

細見 均 著

明治図書

は じ め に

●子どもは楽しいが教師は楽しめない?

　材料を前に歓声を上げたり，目を輝かせて活動したり，中には授業終わり
に，「やっぱり図工は楽しいなぁ」と言いながら図工室を出て行ったりする
子どももいます。

　このように図工は，子どもになかなか人気のある教科です。しかし，「絵
心がないのでうまく教えられない」「どういった作品がよいか判断できない」
「図工はとにかくわからない」というように，先生からは難しい教科のよう
に思われていることがよくあります。他の教科のように，これといった正解
がある訳ではなく，様々な表現を認めるところに難しさがあるのかもしれま
せん。

●迷いようのない二つのこと

　確かに，私自身，20年以上も専科教員を務めながら，未だに迷いながら図
工を教えています。この材料で子ども達は十分活動できるだろうか，資質・
能力を伸ばすためには本当にこの授業内容でよかったのか，子どもの思いを
尊重することができたのか，考え始めるときりがありません。

　しかし，そんな中でも，当初から迷いようのないこともあります。それは，
図工が「教師にとってやりがいのある教科であること」と「子どもに学習さ
せる価値のある教科であること」の二つです。

●教師も楽しむ

　子どもの発想をうまく引き出したり，感性を十分発揮させたりするのは，
簡単ではありません。しかし，迷いや困難さを抱えていながらでも，教師が

楽しめる魅力が図工にはあります。せっかくですので，子ども達だけではなく，教師も図工を楽しんでみてはいかがでしょうか。

そのためのお手伝いとして本書では，図工を指導する上で役立つ情報をコツという形でまとめています。教科の捉え方から廃物利用の話題まで，内容は様々ですが，実際の授業にお役立ていただける情報を厳選しました。

●前著と本書の関係

本書は私の2冊目の本になります。前著『絵心がない先生のための図工指導の教科書』では，図工の題材設定から年間計画，授業の流れなど指導に関して多くの紙面を割いて説明させていただきました。これで図工指導の全体的なイメージはつかんでいただけたかと思います。

そこで本書では，子どもの活動の様子や発達段階による違いなどを詳しく取り上げることで，より具体的で実践的な内容になるよう心がけました。一部どうしてもやむをえない部分や再度取り上げる必要のある部分以外は，内容が重複しないように気をつけましたので，前著をお読みいただいた方にも楽しんでいただけると思っています。

●本書の構成

さて，本書の構成ですが，1章では，絵心がなくていい理由を図工がめざしていることから説明し，また，図工で養う資質・能力をどう捉えるかについて書いています。この章を読んでいただければ，図工は「教師にとってやりがいのある教科であること」と「子どもに学習させる価値のある教科であること」がわかっていただけると思います。

2章では，造形遊び，絵や工作，鑑賞に分けて，授業の流れの中でどのように子ども達を見取り，指導するのかについて述べています。ここで取り上げた内容については，できるだけ4章の授業案でも取り上げ，実践される場合にもお力になれるように配慮しました。そして，4章は授業案を低・中・高学年に分けることで，発達段階を意識した指導をしていただけるように考

えています。

　図工で扱う用具は，基本をしっかりと教えないとうまく扱えないだけでなく，危険を伴うことがあります。そこで，3章では，前著で取り上げていない用具を詳しく解説しました。6章に用具の指導をする際に個人用プリントや掲示物として使える資料をつけておりますので，あわせてご活用下さい。

　そして5章では，題材設定，学習指導，材料・用具管理に分けてレベルアップに役立つコツを紹介しています。

●お役に立てることを願って

　本書はほとんどのページで，見開きで内容が完結するようにしていますので，どこからお読みいただいてもかまいません。授業に困った時，用具の基本を知りたい時，新しい方法はないかと探している時などに，参考になりそうなページを開いていただくような使い方ができるでしょう。もちろん，最初から丁寧に読んでいただければ，これほど嬉しいことはありません。ページのそこかしこに参考になる情報を詰め込んでいますので，必ずや読了していただく価値があるに違いないと信じています。

　では，どうぞ図工の授業に役立つ情報がぎっしり詰まった本編にお進み下さい。この本が，手に取っていただいた方のお役に立てることを心より願っています。

Contents

はじめに

1章 絵心がなくても大丈夫！楽しい図工授業のコツ

1 絵心がなくてもいい本当の理由

コツ1　教科の重要性を知る ……………………………… 10

コツ2　大人の絵に近づけようとしない …………………… 12

コツ3　ハプニングを楽しむ ……………………………… 14

コツ4　資質・能力が育つか自問する …………………… 16

2 図工で養う資質・能力を知ろう

コツ5　知識は体験で身につけさせる …………………… 18

コツ6　発想を広げるための手立てを用意する ………… 20

コツ7　得意でない子も楽しめる授業をめざす ………… 22

Column　ほめようとしないで話を聞く …………………… 24

2章 苦手分野も克服！まずは押さえたい図工授業のコツ

1 造形遊びの指導

コツ8　おおげさに考えすぎない …………………………… 26

コツ9　どうするかは子どもに任せる …………………… 28

コツ10　失敗させる ………………………………………… 30

コツ11　材料準備は造形遊びではないと考える ………… 32

2 絵や立体，工作に表す指導

コツ12　作品選びからスタートしない …………………… 34

コツ13　同じことを繰り返さない ………………………… 36

コツ14　めあてを板書する ………………………………… 38

コツ15　発達段階と経験を考える ………………………… 40

コツ16　基本と創造的な技能を分けて考える ………… 42

| コツ17 | 無駄な努力をさせない | 44 |

3 鑑賞の指導

コツ18	導入時に鑑賞でイメージを広げる	46
コツ19	相互鑑賞では子ども同士で交流させる	48
コツ20	鑑賞の視点を明確にする	50
コツ21	言語活動を重視する	52
コツ22	ゲーム性を取り入れる	54
Column	作品を大切にしてもらうこと	56

3章 使い方だって上手に教える！
用具指導のコツ

1 紙粘土・軽量粘土

| コツ23 | 乾燥対策を万全にする | 58 |

2 ローラー・練り板

| コツ24 | 個人持ちえのぐにはのりと霧吹きを用意する | 62 |

3 金づち

| コツ25 | 金づちは柄を下げないよう気をつける | 64 |

4 釘抜き

| コツ26 | テコの原理で釘を抜く | 68 |

5 ペンチ・針金

| コツ27 | ペンチを釘抜きとして使う | 70 |

6 きり・ドリル

| コツ28 | きりは持ち運び方に気を配る | 72 |

7 のこぎり・万力・クランプ

| コツ29 | しっかり固定する | 74 |
| Column | グロテスクな表現にどう対応するか | 78 |

4章 押さえどころがわかれば安心！
発達段階を考えた授業のコツ

1 低学年の指導

コツ30	完成度を高めすぎない	80
事例1	紐につるそう（造形遊び）	82
事例2	チョークの優しい色で（絵）	84
事例3	モールアイランド（工作）	86
事例4	こすり出して鑑賞（鑑賞）	88

2 中学年の指導

コツ31	種類と内容の2面から経験を積ませる	90
事例1	新聞紙の棒で（造形遊び）	92
事例2	流れる墨から生まれる形（絵）	94
事例3	光の城（工作）	96
事例4	アートカードクイズ（鑑賞）	98

3 高学年の指導

コツ32	子ども自身に知識・技能の活用を考えさせる	100
事例1	点と線で表そう（絵）	102
事例2	墨模様の立体造形（工作）	104
事例3	感情の鑑賞（鑑賞）	106
Column	残念な教材キット	108

5章 指導が得意な教科に変える！
レベルアップのコツ

1 題材設定のコツ

コツ33	材料の違いで難易度を考える	110
コツ34	教材キットにたりないものを補う	111
コツ35	画一的な部分が必要か検討する	112

2　学習指導のコツ

コツ36	準備に力を注ぐ	114
コツ37	大きく描くという呪縛から抜け出す	115
コツ38	失敗を成功に変える	116
コツ39	待つ	117
コツ40	線を消さない	118
コツ41	アクリル系えのぐで輪郭線を描く	119
コツ42	洗い流す	120
コツ43	蓋を開けっぱなしにする	121
コツ44	木工用ボンドにグルーガンを併用する	122
コツ45	スポンジで塗る	124
コツ46	壊す時のエネルギーを甘く見ない	125

3　材料・用具管理のコツ

コツ47	廃物を利用する	126
コツ48	端材をとっておく	127
コツ49	色をきらさない管理方法を工夫する	128
コツ50	用具は終わった時にそろえる	129
Column	指導上有利に働く要素	130

6章　コツがひとめでわかる資料集

図工の用具

はさみ・のり・ボンド　132／えのぐ　134／カッターナイフ　136

彫刻刀　138／電動糸のこ　140／金づち・釘ぬき　142

のこぎり　144／ペンチ　146／きり　147／資料集の使い方　148

おわりに

1章

絵心がなくても大丈夫！
楽しい図工授業のコツ

1　絵心がなくてもいい本当の理由

コツ1　教科の重要性を知る

楽しい図工授業のためには，教師自身のモチベーションも重要です。ここでは，図工がとても大切な教科であることを確認しておきましょう。

❶モチベーションと授業の質

　教科をどのように認識しているかで，教える側のモチベーションはずいぶん違ってきます。重要な教科だと思えば，その教科を教えるのに熱心になるでしょうし，教材研究にも力が入るというものです。
　さて，図工は絵を描いたり工作を作ったりする教科ではありません。確かにそういった活動はしますが，それは図工の目的ではなく手段の一つにすぎません。では図工はどういった教科なのでしょうか。

❷図工で養われる力

　図工は小学校で学習する教科の中で唯一，創造性を直接学ぶ教科です。これは，粘土で器を作ったり木で箱を組み立てたりする，作品を創り出すという狭い意味の創造性ではありません。図工で育成する創造性は，ものや事柄に新しい意味や価値を創り出すことです。
　私達の社会は，今までなかったサービスを考える，革新的なシステムを構築する，新製品を作り出すなどの繰り返しで豊かになってきました。こうした，新しい意味や価値を創り出す創造性は，決められた枠の中で一つの答えを求めて思考するだけでは身につけられません。
　その点，図工は課題に対する答えが一つではありません。人と違ったもの

を描いたり作ったりすることが当たり前の教科ですし，自分なりの感性や想像力を発揮して学習に向かうことが求められる教科です。人工知能が急速に発展していくこれからの世の中を考えた時，それまでの枠組みを超えた発想のできる創造的な人材が重視されるのは間違いないでしょう。アメリカで，Science（科学）・Technology（技術）・Engineering（工学）・Mathematics（数学）の頭文字をとったSTEM教育にArt（芸術）を加えたSTEAM教育が注目されているのもそのことに関係しています。

図工は，創造性という将来にわたって役立つ力を子ども達に育成する教科なのです。

> ポイント　図工は創造性を学ぶ教科

❸よりよく生きること

　全ての子ども達が，創造性の必要な仕事に従事する訳ではない，そのように考える方もいらっしゃるかと思います。しかし，創造性はなにも仕事だけに発揮されるわけではありません。このように工夫すればもっと便利になると考えたり，これとこれを組み合わせたらおもしろくなると思いついたり，衣食住のあらゆる場面で役立つ力が創造性です。

　生活を見直し，よくしようと工夫することは，よりよく生きることにつながります。図工は，人間らしく幸せに生きるための教科であるともいえるのです。

1 絵心がなくてもいい本当の理由

コツ2 大人の絵に近づけようとしない

重要性はわかったけれど，絵心がない自分に教えられる教科なのか不安に思われている方がいるかもしれません。でも，大丈夫。なぜなら，図工を教えるのに絵心は必要ないからです。

❶上手に描かせようと思わない

　自分がうまく描けないのに子どもにうまく描かせられる訳がないと，そう考えていませんか。しかし，うまく描かせようという考えそのものが間違っているとしたらどうでしょう。

　あなたが上手だと思う絵はどんな絵ですか。まるで写真かと思ってしまうようなリアルな絵でしょうか？　それとも対象の特徴を捉えてセンスよくまとめられた絵でしょうか？　しかし，その上手な絵は，大人の基準で判断された上手さです。対して教師が教えるのは子ども達。大人の基準をそのまま子どもに当てはめること自体が間違っているのかもしれません。

❷正しい絵がいい絵ではない

　A・Bの2枚の絵を見て下さい。

　Aは，飛行機の翼が機体の上下についていて実際にはありえない形ですが，子どもらしい楽しい表現です。Bは，翼が左右についていて，手前の翼は大きく，向こう側は小さく遠近法を使って描かれています。頑張って本物らしく描いた結果です。

　ここで大切なことはA・Bどちらの絵も，その子のイメージを表現したもので，どちらがすぐれているということはできないということです。Aのよ

うに描きたい子にBのように描かせるのは，その子の描きたいイメージをねじ曲げてしまうことになります。もちろん，Bのように描きたい子にAのように描かせるのも同じです。

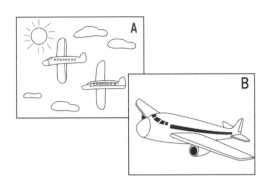

> ポイント　子どもは自分の描きたいイメージをもっている

❸子どもの絵と大人の絵は別物

　図工の授業は，子どもの描く絵を大人の絵に近づけるためにあるのではありません。子どもには子どもの描きたいイメージがあり，それは大人のもつイメージとは別のものです。

　子どもに無理矢理大人の格好をさせても似合わないのと同様に，その時期でないと似合わないし輝けないことがあります。子どもの絵と大人の絵は全く違うものだということをしっかり認識しておくと，教師の役割が見えてきます。

　それは，高度なテクニックを教えたり，子どものイメージを大人の感覚で歪めたりすることではなく，子どもの描きたいイメージを自然な形で表現できるようにすることです。そこには，あなたに絵心があるかどうかは，関係ないのではないでしょうか。

1章　絵心がなくても大丈夫！　楽しい図工授業のコツ　◆　13

1 絵心がなくてもいい本当の理由

コツ3 ハプニングを楽しむ

子どもと大人の発想は違います。そのため，教師が考えつかなかったことを始める子どもも出てきます。子どものすることを全て予測することは不可能と割りきって，それを楽しみましょう。

❶制約されない活動

　基本的に造形的な活動に入ったら，どんなことを考えても，どんなことをしても大丈夫な時間であるべきです。そうしたことが保障されていてはじめて創造性が育ちます。あれはダメ，これはダメ，といった制約が数多くあると，創造性を育てることはできません。

　もちろん，何をしてもいいといっても，学習のめあてから外れてもいいといっている訳ではありません。そうなると授業ではなくなってしまいます。また，安全に関すること，例えば刃物などは基本に忠実に扱わなければいけません。

❷完成イメージを強くもちすぎない

　教師がこのような作品にしようと思えば思うほど，指示が増えて子どもの自由が減ります。この材料と用具を使ってこのような作品を作っていくという完成イメージがないと授業はできませんが，それが強すぎるのも困ります。作品を作るのは教師

ではなく子ども達です。実際に作り始めたら，あとは子ども達に任せて見守るしかありません。

ポイント　活動が始まったら，子ども達に任せる

❸予想を裏ぎられるおもしろさ

　子ども達を見守っていると，教師の予想と違ったことが次々に起こります。例えば，せっかく描いたものの上を塗りつぶして隠してみたり，絵の中に立体的な部分を作ろうと考えたり，その自由な発想に教師の思考が追いつかないこともしばしば起こります。

　授業を始める前に，子どもがどのようなところで困るのか，どんな動きをするかを予測しておくことが大切です。ですが，子どもの考えを全て把握することは不可能なのも事実です。そんな時は，ぜひそのハプニングを楽しんで下さい。大人と子どもの発想は違います。自分では考えつかなかった発想で事態が進んでいくのを楽しめるのは，図工を教える教師の特権です。そして，教師が楽しんでいるのを見れば，子ども達の意欲も向上します。

❹簡単で効果的な支援

　子どもの創造性を伸ばすために教師ができる最も簡単で効果的な支援は，用具や材料，方法の希望をなるべく叶えるということです。こんな風に変えてみてよいでしょうかと許可を求めることや，以前に使った用具を使いたいという声が上がることがあります。材料をもっとほしくなったり，別の材料を使いたくなったりすることもあります。こうした要望が出るのは子ども達が主体的に学習している証拠でもあります。それを使うことで，その時間のめあてが達成できなくなるなら別ですが，可能な限り希望を叶えてあげましょう。そうすることで，子ども達は自分のイメージを形にすることができますし，さらに新たなアイディアへと広げることができます。

1章　絵心がなくても大丈夫！　楽しい図工授業のコツ　◆　15

1 絵心がなくてもいい本当の理由

コツ4 資質・能力が育つか自問する

どんな絵を描いてもいいのなら，家でお絵描きするのとかわらなくなります。授業を成立させるためにいつも意識しておかなければならないことを押さえておきましょう。

❶授業と遊びを分けるもの

　図工の時間が，なるべく制約のない状態で子どもの思うままに作品を作らせる時間なのであれば，それは家でお絵描きするのと同じにならないでしょうか。もちろんこれは違っていなければいけません。そうでなければ，教師が教える必要も，学校で学習する必要もありません。

　授業と遊びを分けるものは，そこに図工として育成すべき資質・能力が育つように計画されているかです。逆にいえば，いくら子ども達が熱心に活動しても，肝心の資質・能力が身についていなければ，図工の授業のように見えても授業としては成立していないといえます。

❷めあてから外れる

　資質・能力の育成をめあてに授業を計画しても，子どもの活動がそこから外れていくこともあります。例を挙げて考えてみましょう。

　形をもとに発想する資質・能力を育てるために，ある形から何か別のものをイメージするという「見立

16

て」の学習をすると仮定して下さい。具体的には，紙を切り，その形から動物や鳥などを思いつき，台紙に貼って生き物やその周りの様子などを絵に表していく学習です。

　この時，子ども達がうさぎの形や魚の形に紙を切り始めたとしたらどうでしょう。このようにしても，作品はできあがっていきます。もしかしたら，見立てるより見栄えのよいものができるかもしれません。しかし，最初から何にするか決めて紙を切ったのでは，形から別のものを発想する資質・能力を育てることはできません。

❸資質・能力の観点で見直す

　子どもの活動を作品ではなく資質・能力の観点で見直し，それで資質・能力が育つかを自問することで，活動がめあてから外れていないかに気づけます。また，資質・能力を育てるための手立てや効果的な授業の組み立てがはっきりしてきます。

　先の例に戻ると，「切る」「見立てる」が連続していると「見立てたいものを切る」ということになりがちです。

　そうならないためには，紙を切る時点ではそれをどうするのか知らせずに，「切る」と「見立てる」を完全に分けてしまうのがいいでしょう。その上でものをイメージしないで紙を切らせる工夫も必要です。はさみを使わないで手でちぎる，自分の分ではなく友達の紙を使う，目をつぶってちぎるなどの方法が考えられるでしょう。

　ポイント　資質・能力が育つか考えることは授業成立の鍵

---

2 図工で養う資質・能力を知ろう

コツ5 知識は体験で身につけさせる

知識・技能というと教師から子どもへ伝えるというイメージがありませんか。知識は体験を伴い実感的に得るもの，技能は創造的なものになるようにしましょう。

❶知識をどう教えるか

混色をする際，どの色とどの色を混ぜると何色になるかを知っていると色の表現が広がります。

しかし，赤と青を混ぜると紫，黄と青を混ぜると緑などといった混色の知識を教える訳ではありません。

そのように教師が教えたとしても，ほとんどの子はすぐに忘れてしまいます。

また「赤と青を混ぜると紫になるからやってごらん」と教師の説明を子どもに追体験させるのもあまり効果的ではありません。なぜならそれは，子どもが主体的に活動していないからです。

この色を混ぜると汚い感じになって嫌だなぁとか，とてもお気に入りの色ができて嬉しいと感じるのは，混ぜてみたい色を子ども自身が主体的に選んでいるからです。このような感情を伴った知識は，教え込まれた知識と違いしっかりと定着するものになるのではないでしょうか。

❷体験で得た知識を整理する

　いろいろ試すうちに，白を混ぜると優しい感じの色になったり，黒を混ぜるとにごった感じの色になったり，「黄」色と「緑」色で「黄緑」色になるなどといった，何か規則性のようなものに気づく子どもも出てきます。活動の最後に，子ども達の体験で得た知識を教師が整理しておくといいでしょう。

　混色の場合は，色相環を示してみるのも一つの方法です。二つの色を混ぜるとのその間の色ができることがわかり，色のでき方に納得できるのではないでしょうか。

> ポイント　子どもが見つけたことを整理し共有する

❸技能をどう教えるか

　図工で身につけさせる技能は，練習を繰り返してうまくなる職人技のような技能ではなく，自分の思いを表現するための創造的な技能です。確かに技能があれば表現は豊かになりますが，技能が先行しすぎると子どもが表したいものを表せず，描かされている，作らされている状態になりますので気をつけたいものです。

　安全に関する内容は徹底する必要がありますが，それ以外の技能については，全員にしっかり教え身につけさせるもの，活動の中で子どもに気づかせるもの，教師は知っているが教えないものなど重要性や必要性を考えながら最適な方法を選ぶようにしましょう。この時，教師に用具の使い方や材料の扱い方，技法などの知識がないと最適な方法を選ぶことができませんので，基本的な内容は把握しておくようにしましょう。

> ポイント　自分の思いを表現するために技能が必要

1章　絵心がなくても大丈夫！　楽しい図工授業のコツ　◆　19

2 図工で養う資質・能力を知ろう

コツ6 発想を広げるための手立てを用意する

発想・構想の資質・能力を育てるためには，何を工夫して表現させるのかを教師がイメージしておく必要があります。そうすることで，必要な手立てが見えてきます。

❶子ども自らが考える

　図工での思考力・判断力・表現力とは，創造的に発想や構想をしたり，見方や考え方を深めたりすることです。教師のいう通りに描いたり作ったりしているだけでは，作品はできてもこの資質・能力を育てることができません。

　造形遊びなら活動を思いつきどのように活動するか，絵や立体，工作に表す活動なら表したいことを見つけどのように表すかを，子ども自らが考えてはじめて身につけることができます。

　子どもは，材料から発想を得たり教師の問いかけによってイメージを広げたりします。材料の色や形，材質などを工夫したり，興味をひきつける導入を用意したりして，発想が広がりやすい環境を用意しましょう。

> ポイント　子ども自らが考えることで発想・構想の資質・能力が育つ

❷発想を広げる手立て

　教師が発想豊かに考えてほしいと授業をしていても，子どものイメージが広がらないことがあります。

　不思議な花がテーマなのに，多くの子が記号化された花を描いてしまうよ

うな場合です。

　しかし，これは仕方ないことかもしれません。子どもの立場からすると，いきなり不思議な花といわれても，普通より大きな花とか花びらの色がみんな違う花とかしか思い浮かばなかったのです。

　この場合は，形を工夫することを子どもに伝えておくべきでした。描き始める前にいろいろな形の花の写真，例えばランやユリ，トケイソウやサギソウなどの写真を見せるなどして花の形にもいろいろあることを知らせておけばどうでしょう。子ども達は形を工夫して描こうとしたはずです。

　子どもが表したいものを見つけるといっても，発想を広げるための手立てが必要になることがあります。そのためには，教師は何を工夫して表現させるのかを考えておかなければならないでしょう。

❸鑑賞が発想・構想の質を高める

　私達の考えやイメージは，今まで体験した事柄や見聞きした情報に影響されています。

　発想や構想というと自分で思いつくことのように考えますが，そうやって思いつくベースの部分がこれまでの生活の中にあります。そのため，鑑賞は作品のよさやおもしろさ，美しさを感じ取るものであると同時に見方や考え方を深めるものです。

　先の不思議な花の例でも，花の写真を鑑賞することが，花の形のイメージを広げるのに役立ちます。

　このように，発想・構想の力を高めるためには，鑑賞が大切な役目を果たしますので，効果的に取り入れていく必要があります。

2 図工で養う資質・能力を知ろう

コツ7 得意でない子も楽しめる授業をめざす

得意な子だけが楽しい授業は，得意でない子を図工嫌いにしてしまいます。嫌いでは学びに向かう力は高まりません。どの子も楽しめる授業を考えていきましょう。

❶生涯を通じて役立つ力を養う

　図工に限ったことではありませんが，学んだことが教室の中だけで終わるのではなく，生活や社会にかかわるもの，生涯にわたって持続するものであることが求められています。図工で養う資質・能力は，創造性や感性，情操といった心豊かによりよく生きる力であり，生活に直接かかわる力ですので，生涯にわたって役立てやすいもののはずです。

　しかし，図工に苦手意識をもっていたら，積極的にかかわっていこうとか生活に活かしていこうとか思いません。学びに向かう力を育成するために最も大切なことは図工嫌いをつくらないことです。

> ポイント　学びに向かう力の大敵は苦手意識

❷完成度を高めようとすることが図工嫌いをつくる

　子どもは何かを描いたり作ったりする欲求をもっていて，それらは本来楽しい行為であるはずです。ところが，いつの間にか図工が嫌いになる子が出始めます。なぜ嫌いなのかと聞くと，その子達が一番に挙げるのは「下手だから」という理由です。

作品の完成度を追求しすぎると、上手に作ることが一番の目的になります。そうなると上手にできない子は自信をなくし、苦手意識をもつようになります。しかし図工は、作品を作ることが目的の教科ではありません。にもかかわらず、作品の完成度で図工嫌いをつくってしまうのはおかしなことです。得意な子だけが楽しい図工ではなく、得意でない子も楽しめる図工の授業を考えていく必要があります。

❸いろいろな題材を実施する

手指の巧緻性が十分でない子は、丁寧で繊細な取り組みを要求する題材では苦労します。しかし図工では、そういった題材だけではなく、大胆に勢いよく取り組んだ方がおもしろいものができるものもあります。違ったタイプの題材に取り組むことで、別の子が活躍できます。

同じような内容の題材にならないように気をつけるだけで、図工嫌いは確実に減らせます。

❹その子の表現のよさを見出す

感性を働かせて、その子なりの表現で表されたものは、実に様々な色や形になります。この時、教師として指導したいことはいろいろあるかもしれませんが、一旦はその子の表現を全て認めることからスタートしたいものです。そうすることで、表現の理由がわかったり、発想のおもしろさに気づいたりできます。

その子なりの表現の中に教師が価値を見出せれば、図工を嫌いになる子が少なくなると思います。

Column

ほめようとしないで話を聞く

　保護者の方の悩みとして，子どもの作品の見方がわからないという声を聞くことがあります。とても自慢げに見せてくれる子どもには悪いけれど，どこがよいのかわからなくて困っておられるようです。

　家庭教育の重要性を意識されている保護者ならば，子どものやる気を大切にするために，ほめようとされるかもしれません。本当にそこが素晴らしいと思ってほめるなら問題ないでしょうが，よくわからないのに的外れにほめても子どもは嬉しくないでしょう。

　ほめなくてはならないと考えず，まず，その作品についての話を聞いてほしいと思います。作品には子どもの思いが詰まっています。小さな部分にも，大人が考えつかない発想や工夫が隠れています。本当は，子どももそれを伝えたくてうずうずしているのではないでしょうか。

　ほめるという行為には，立場が上の者が下の者へ評価を下しているという印象があります。しかし，保護者に子どもが説明するというのは，子どもの方に主導権があります。これは，子どもの自尊感情を高めるのにも役立つはずです。

　懇談会で図工について話す機会がありましたら，ぜひ，このことを伝えていただきたいと思います。そして，話を聞くことで子どもの思いを知ることは，保護者だけではなく，教師にとっても大切にすべきことだと思います。

2 章

苦手分野も克服！
まずは押さえたい
図工授業のコツ

1 造形遊びの指導

コツ8 おおげさに考えすぎない

造形遊びは，なんだか大変そうと考えて敬遠される先生もいるようです。難しく考えすぎないで，気軽にできるものから始めていきましょう。

❶大がかりな例がよく目にとまる

「造形遊びは難しそうだ」「いろいろと大変そう」などの声を聞くことがあります。教科書を見ると，大量のダンボールや紐，木などを使った題材が紹介されており，材料の確保が大変そうです。また，校庭や廊下，階段，体育館など教室外で行われていて，場所も確保しないといけないようです。

「だから造形遊びって大変なんだよ」と，忙しい先生方からは，ため息が聞こえてきそうです。

❷取り組みやすいものから実践を

造形遊びは，材料とのかかわりを重視します。材料と出会い，その手ざわりや質感を楽しんだり，その形や色から発想を得たりして活動します。そのため発想のスタートとなる材料は重要です。

思わず子ども達から歓声が上がるような材料を提示できれば，活動は活発なものになるでしょう。しかしその準備に先生が疲れてしまい，二度とやりたくないと思うようでは，継続した

学習機会がなくなりかねません。

　そうならないために，まずは取り組みやすいものから実践してみましょう。大がかりでなくても資質・能力を育てることができればいいのですから。

❸場所から発想させる

　材料からだけでなく，場所からも子ども達の発想を引き出すことができます。暗い部屋では，LED ライトをセロハンや色水のように光を通すものと組み合わせたり，光を通さないものを使って影のでき方を楽しんだりできます。校庭の木々を利用して落ち葉の形や色を活かすことや，奥まった部分を利用して隠れ家にするというような発想を得ることもあるでしょう。

　しかし，教室の外へ出ないと造形遊びができない訳ではありません。例えば，教室の窓枠や手すりに何本かのロープを張ってみるのもおもしろいでしょう。いつもの教室が，何かをつるしたり結びつけたりできる造形遊び向きの場所になります。

❹造形遊びで創造的な技能を

　用具に慣れたり適切に扱ったりするためには，その用具を思う存分使ってみる機会が必要です。造形遊びでその機会を設定するのはどうでしょう。

　例えば，はさみやカッターナイフでいらない紙を好きな形にどんどん切っていくとか，ローラーや筆で大きな画用紙に色を塗ってみるとか，のりやボンドで紙を貼ってつないでいくとか，少し考えただけでいろいろな活動を思いつくのではないでしょうか。

　このように，創造的な技能を軸に造形遊びを考えてみると案外いろいろできそうなことに気がつきます。

ポイント　創造的な技能を造形遊びで身につけさせる

2章　苦手分野も克服！　まずは押さえたい図工授業のコツ　◆　27

1 造形遊びの指導

コツ9 どうするかは子どもに任せる

造形遊びは子ども自身が活動を思いついたり方法を決めたりする学習です。先生が教えすぎると、子どもの発想のじゃまになり、活動が画一的になってしまいます。

❶最も主体的に活動する学習

子どもの感性や想像力を大切にする図工の学習の中でも、造形遊びは子どもの主体性が最も発揮される学習です。休み時間に子ども達が遊ぶ時、教師がこんな風に遊ぶとおもしろいよとは普通いいませんし、自分達がしたいことをするのが一番楽しいでしょう。造形遊びも名前に「遊び」という言葉がつけられているように、活動を思いついたり方法を決めたりするのは子ども達です。

❷新聞紙の棒を使う造形遊び

新聞紙でできた細い棒を使う造形遊びを例に挙げて、教師の役割や子どもの動きなどを考えてみましょう。対象は中学年で、数人のグループで行います。材料は、前時までに用意した新聞紙の棒で、これを使ってどのような形を創り出すことができるか考えていく活動です。育成する資質としては、線である棒で形を考える思考力と、友達と協力しながら学びに向かう力を想定します。

❸指示はなるべく少なめに

この題材は全てを子どもに考えさせるより、少し条件を与えた方が活動の

質が高まり，資質・能力がより育成できると思われます。そこで，新聞紙の棒を使って，高さを感じられるものを考えていこうと提案し，立体的な造形に取り組むことにします。条件を与えるといっても，それが多すぎると創造的な活動はできません。また，例を挙げると子どもの思考が広がるどころか画一的になってきます。子どもの発想は大人とは違うということを思い出して下さい。大人の考えを披露することで，子ども本来の発想ができなくなり，結局多くの班が，教師の口にした構造の立体を作ってしまいます。ここは，造形遊びにおいてとても重要な点なので，十分気をつけましょう。

> ポイント　説明しすぎて子どもの発想をじゃましない

❹子どもの力を信じる

　活動が始まると，グループによって違った組み方で立体にしようとします。床に棒の先をテープでとめて垂直に立たせて柱を作るグループ，壁のような四角い枠を組み合わせていくグループ，先端を束ねてから下を開いて円錐にするグループと様々です。おもしろいことに近くのグループは互いに影響し合い，遠く離れたグループは独自性が強くなることが多いようです。お互いの距離によって立体の形が左右される様子は，まるで文明の発達を見るようです。

　このようにいろいろな形の立体が作られるのは，教師の指示ではなく，子ども自身の考えで活動しているからです。造形遊びでどう活動するかは，子どもの力を信じて，子どもに任せることが大切です。

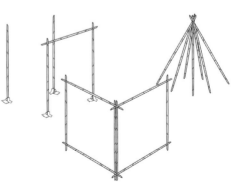

1 造形遊びの指導

コツ10 失敗させる

成功よりも失敗から多くのことを学ぶことができます。「学びのある失敗」の機会を，転ばぬ先の杖を用意して子どもから奪わないようにしましょう。

❶困難に立ち向かうこと

　新聞紙の棒を使った造形遊びのおもしろいところは，ある程度進むと必ず問題が起こるところにあります。活動が進むにつれ新聞紙がたくさん使われると，当然重さが増えていきます。そして，最初に作っていた土台部分がその重さに耐えられず，ねじれたり折れたりし始めます。
　これに気づいた子ども達は，棒を二重にして強くしたり，支えを増やして形が安定するように工夫したりして，壊れるのを防ごうとします。一旦はこれで解決したかに思えますが，この補強行為がさらに事態を悪化させることになるのが，一筋縄ではいかないこの題材のおもしろさです。

❷問題が次々と起こる

　補強するということは，それが床に支えられているところ以外では，重さが増えることになります。つまり，弱くなったからといって補強すればするほど，その重量が増えて壊れやすくなり，さらに補強が必要になるという悪循環に陥るのです。棒を組み合わせていく過程で強度の問題が起こり，それを解決しても次に重さの問題が起こる。子ども達はこの造形遊びを通じて，これらの問題と立ち向かいながら活動することになります。知恵を出し合って問題を解決し，自分たちより背の高い形を作り上げるグループもあれば，

途中で崩れてしまうグループも出てきます。

　造形遊びは形あるものとして完成させる必要はないので，途中で壊れてできあがらなかったとしても問題はありません。その失敗の中で学ぶことができたかが重要です。

❸学びのある失敗

　同じような造形遊びを木の棒で行ったり，机や椅子を支えにして行ったりすると，先に説明したような困難は起こりません。教師が転ばぬ先の杖で，下の部分をしっかり作って，上の部分はなるべく軽くなるようにアドバイスしても同様です。しかし，授業は何事もなく無事に終わることがよいのではなく，子ども達がどれだけ多くのことを学んだかによってよい授業，そうでない授業が決まるのではないでしょうか。

　人は，成功よりも失敗から多くを学びます。学習の中で間違ったり失敗したりすることは，学びの貴重な機会がそこにあるということです。造形遊びの中の「学びのある失敗」をする機会を子ども達から奪わないようにしたいものです

> ポイント　転ばぬ先の杖は学ぶ機会を奪う

立体的な星型を作る班も

重さが増えると倒れ始める

2章　苦手分野も克服！　まずは押さえたい図工授業のコツ　◆　31

1 造形遊びの指導

コツ11 材料準備は造形遊びではないと考える

造形遊びで使う材料を，すぐ使える形で提供できるとは限りません。子ども達が材料を加工して造形遊びに臨む場合には，注意が必要です。

❶材料を加工する必要がある場合

　造形遊びでは活動に入る前に，材料自体の形状を変えないといけない場合があります。例えば，ダンボールの板を切り込みなどで組み合わせていく造形遊びでも，ダンボール箱をその場で切っていたら，切るだけで時間を使い果たしてしまいます。そこで活動に適した形や大きさの材料を，どのように用意するのかを考えておく必要があります。教師があらかじめ準備するのか，活動前に子ども達が準備する時間をとるのか，加工したものを購入するのか，最適なものを選ぶようにしましょう。

❷新聞紙を巻くのは意外に難しい

　先ほどの新聞紙の棒を使った造形遊びでも，新聞紙をそのまま活動に持ち込む訳にはいきません。
　子ども達に巻かせてみればすぐわかりますが，新聞紙で細い棒を作るのは思ったより大変です。巻いている途中で押さえる力が弱まると，巻きが戻ってしまい，太い棒になってしまいます。新聞紙が太くなると，すぐに折れてしまいこの造形遊びには使えません。子どもが細い棒状に巻くのは難しく，大人でもコツを飲み込むまでに時間がかかります。

❸巻きを補助するものを使えば簡単

完全な解決方法とはいえませんが、新聞紙で棒を作る際の効率を劇的によくする方法はあります。それは丸棒を使う方法で、直径0.5cm、長さ90cmほどのものをクラスの人数分用意しておくと、これを芯にすることで驚くほど簡単に巻くことができ

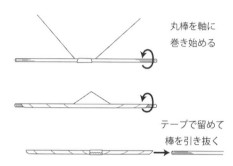

ます。新聞に巻き込まれて見えなくなる前に引き抜かなくてはなりませんが、ストローでも同じような効果が得られます。

❹簡単にできることを難しくしない

ところで、丸棒を使えば簡単にできることを、わざと難しい方法でさせようと考える先生もいらっしゃいます。新聞紙を細く巻けるぐらいの器用さは必要だし、そういった技能を身につけるいい機会と思われるようです。

丸棒を使わず巻ければそれに越したことはありませんが、そのためにかかる時間は決して少なくありません。そして、技能を身につけるといいながら、うまく巻けない子は最後までうまくならない場合もあります。なにより、ここでの技能は図工で身につけさせたい「創造的な技能」ではありません。

造形遊びで使う材料をまず子ども達自身で加工する必要がある場合、この準備の時間は造形遊びの時間とはいえない曖昧な時間です。なぜなら、ここでは造形遊びでめざす資質・能力を育てることができないからです。そうであれば、できるだけ短い時間で子どもの負担にならない方法を考える必要があります。

ポイント　材料準備は負担にならない時間と方法で行う

2 絵や立体，工作に表す指導

コツ12 作品選びからスタートしない

図工というと絵や工作などの作品作りをイメージするのではないでしょうか。しかし，授業計画を立てる時，作品選びからスタートすると最も重要な「子ども」という視点が抜けてしまいます。

❶教材カタログから決める

　図工の授業で何をしようかと考えた時，教材カタログを見ておもしろそうなものを選ぶということがあるのではないでしょうか。そこには，教科書に準拠した教材キットが，作品例とともにいくつも紹介されています。そして，その横には「簡単」「楽々」「できる」「作れる」などのキャッチコピーが並びます。それらを見ていると，本当に簡単で見栄えのいい作品ができそうです。

　教材キットは，材料準備の手間もなく大変便利なものですが，教材カタログで授業が決められているような気がしてきます。

❷ひかれる作品との出会い

　参考図書やWEBサイトや作品展などで興味をひかれる図工作品に出会うことがあります。自分の担当している子ども達にさせたらさぞ喜ぶだろうとか，こんなきれいな作品に仕上げさせたら素晴らしいだろうとか，教師魂が燃え上がる瞬間です。

普段から絵や工作に関心をもち，どちらかといえば図工の得意な先生が陥りやすいのが，作品中心に授業計画を立てることです。そもそも，そういった先生は簡単で誰でも指導できそうな作品ではなく，レベルの高い作品に興味を示しがちです。そこで，レベルの高さに対応するため時間数を増やしたり，手順を細分化したりして授業の計画を練ることになるのです。こちらも授業が作品によって決まっていっている感じです。

❸子どもにとってどうか

　自分が授業するつもりでその作品を見てみる，そのこと自体はよくあることです。ただ，ここで一度立ち止まってよく考えないといけないことがあります。簡単で見栄えがいいと感じたのも，子どもが喜ぶと思ったのも，きれいで素晴らしいと考え

たのも教師です。ここには，子どもにとってどうなのかという視点が抜けています。
　図工というと，絵を描いたり，工作をしたりする教科というイメージがあります。確かに図工はものに働きかける教科です。しかし，作品作りを目的としている訳ではなく，作品を作ることを通して資質・能力を育てることが求められています。ですから，作品がとても上手にできたとしても，必要な資質・能力が育っていなければ，意味がありません。
　教材カタログから選ぶ時も，興味をもった作品を作らせようと思った時も，子どもにどんな資質・能力を育てようとしているのかを出発点にもう一度それがふさわしいか考えてみましょう。

ポイント　その作品でどのような資質・能力を育てられるかを問い直す

---

2 絵や立体，工作に表す指導

コツ13 同じことを繰り返さない

子どもの資質・能力を育てているつもりでも，そこに作品偏重が隠れていることがあります。ここでは一見よさそうな題材の中にあって見逃されがちな問題について考えましょう。

❶資質・能力が育ち作品もきれいな題材

クレヨンやパスを面塗りに使って，隙間なく丁寧に塗っていく題材が低学年で行われることがあります。

カラフルな太陽を描くことも多いのではないでしょうか。

色を変えながら小さな部屋を作っていくこともできるので，子ども達は細かい色分けをしたり楽しい模様を描いたりして塗っていきます。

できあがるのはカラフルで塗り残しのないきれいな絵です。しかも，この学習を通して，丁寧に作品と向き合うことや，隙間なくしっかり塗るという基本的な技能，そしてそれを使って自分なりの模様や色を作っていく創造的な技能が育ちます。

❷同じような題材が繰り返される

確かにこのクレヨンでしっかりと塗りつぶす技法を使った題材は，資質・能力が高まって作品も美しくできるのでいいことづくめのように思えます。

しかし，この技法を別の題材でも使ったとしたらどうでしょうか。「カラ

フルな魚を描く」「不思議な模様の卵を描く」「色いっぱいの花を描く」などなど，描いているものは違ってもやっていることは同じです。

　1年間だけで見ればそうでなくても，低学年の2年間を通してみると何度も同じようなことをしているかもしれません。はじめは創造的な技能であっても，同じことを繰り返せば，上手にはなりますが創造的でなくなってきます。

❸そこに作品偏重が隠れている

　どうしてこんなことが起こるのでしょうか。それはやはり作品がきれいにできるからではないでしょうか。教師自身に自覚がなくても，資質・能力と作品の出来を天秤にかけて，作品をとったということです。

　もし，面塗りを経験していることを知っていたら，それを繰り返すより別の塗り方を経験させた方ができることが増えます。波線や斜線，点線などいろいろな線を描くこともできれば，塗った色を指やティッシュペーパーなどで伸ばすこともできます。

　このような経験をさせておくと子ども達はいろいろな方法の中から，自分の表したいことに応じて塗り方を選ぶことができます。その時，面塗りを選ぶ子ももちろん出てくるでしょう。

　しかし，その方法しかないからそうするのと，いろいろな方法の中からそれを選ぶのとでは，結果は同じでも働いている資質・能力は全く違ってきます。

ポイント　方法を選べるようにいろいろな経験をさせておく

2 絵や立体，工作に表す指導

コツ14 めあてを板書する

めあてを板書するのは，子どもに学習目標を示して見通しをもたせるためだけではありません。めあてから授業を検討してみましょう。わかってくることがたくさんあります。

❶学習のめあてを知らせる

授業の際には，板書して学習のめあてを子どもに知らせるようにしましょう。

このめあてにもよし悪しがあります。「お面を作ろう」というめあてでは作りさえすれば達成されます。「飾りを工夫して楽しいお面にしよう」というめあてなら，楽しくなるような飾りの工夫が必要になります。このように活動する内容がなるべく具体的な方がいいでしょう。

めあてを知らせることは，子どもに学習目標を示して見通しをもたせるだけではなく，その授業でどのような資質・能力を育てようとしているのかを教師自身が確認する意味があります。

❷めあてで授業の質を検討する

工作紙を切りそれを組み立てていくという活動を行うとします。これに創造性が感じられる言葉をたしてめあてを作ってみましょう。「工作紙を好きな形に切って」とか「形を工夫して組み立てていこう」などが考えられるでしょう。

この時，好きな形に切ってしまうと教師の考えていたものができない，形を工夫するといってもそれほど工夫する余地がない，ということがあるかも

しれません。創造性が感じられる言葉をたすと授業が難しくなるということは，その授業が子どもの創造性を育てるものになっていない可能性があります。作業中心に時間を使うこともあると思いますが，このようにすると，めあてから授業の質を検討することができます。

あわせて，「好きな形」とはどんな形を想定しているのか，「形を工夫」とはどのようなことをさせようと思っているのか，いくつか具体例を出せるぐらいには考えておきましょう。子どもに伝えるかは別として，教師は漠然とした言葉で安心するのではなく，言葉のイメージをある程度明確にしておく必要があるでしょう。

> ポイント　例を挙げて言葉のイメージを明確にする

❸乗り越える壁

ここまで学習のめあてという言葉を使ってきましたが，教師からすると授業の目標という言葉になります。目標は，子どもの実態と合致し資質・能力を育て成長が期待できるものでなければなりません。

目標が高すぎると意欲をそがれたり挫折したりします。逆に目標が低すぎると簡単すぎて成長につながりません。それはまるで，乗り越えさせるために子どもの目の前に作られた壁を想像させます。

授業では，子どもの実態や発達段階，経験などを考えながら，高すぎず低すぎず絶妙な高さの乗り越える壁を設定できるように努力したいものです。

2 絵や立体，工作に表す指導

コツ15 発達段階と経験を考える

図工では，複数の学年で同一の材料・用具を扱うことがあります。この時，一見同じような流れの授業でも内容は当然異なってきます。ここでは，発達段階と経験について考えていきましょう。

❶題材を見比べて発達段階を知る

　図工の教科書を見ると，同じ材料・用具が別の学年で繰り返し取り上げられていることに気づきます。例えば油粘土，紙粘土，土粘土と若干の違いはありますが，粘土も取り上げられることの多い材料です。しかし，同じことを繰り返している訳ではなく，低学年は握ったり伸ばしたりする活動，中学年は削ったりつけたりする活動というように内容に違いがあります。発達段階を考慮してこのようになっているのですが，逆にこの違いから発達段階を知ることもできます。

　一つの材料・用具がどのように扱われているか，複数の学年にわたって調べてみましょう。子どもの発達段階を知る上で大変参考になります。

> ポイント　発達段階を知るために教科書を見る

❷低学年で材料・用具に慣れる

　画用紙を数枚使って立体的な形を作る紙工作を例に挙げて考えてみましょう。

　低学年ではどのような授業になるでしょうか。この時期の子どもははさみ

やのりをうまく使うことができませんので，それらを十分経験させるために，たくさん切って次々貼りつけていくような活動が適しているでしょう。接着は，のりしろ部分を作って貼り合わせる面接着が主になります。子ども達は，アーチのような形を作ったり，L字型に折って立てたり，筒にしたものを寝かせたりして，立体的な形を作っていくでしょう。

❸中学年でできることを増やす

　同じことを中学年で行う場合はどうでしょうか。中学年は手指がうまく動かせるようになり，紙やはさみにも慣れてきています。ただ，何も指導せずに行うと低学年とあまり違わないものを作る子も多いでしょう。これは，技能は高まっているのに知識がないために起こります。紙の折り方や立て方，線接着での貼りつけ方などいくつかの方法を紹介しておくと，子ども達はそれらを試して自分の作品に積極的に取り入れたり，新しい方法を見つけたりします。そこで中学年では，いろいろな方法を知らせながら，子どもができることを増やしていくとよいでしょう。

❹高学年で活用させる

　では高学年ではどうでしょう。この時期の子どもは，いろいろな経験を積んでいて，できることも多くなっています。ですので，それぞれの子どもがもっている知識や経験，技能などを活用させましょう。あまり指示をせずに子どもに任せるのがおもしろいでしょう。

　このように同じ材料を使った題材でも，学年によってできるものが違いますし，その時の指導も違います。発達段階と経験を考えながら授業を計画しましょう。

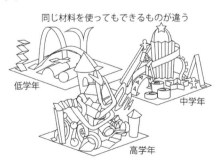
同じ材料を使ってもできるものが違う
低学年　中学年　高学年

2 絵や立体，工作に表す指導

コツ16 基本と創造的な技能を分けて考える

自分の思いを表現するためには創造的な技能が必要です。この創造的な技能が発揮されるためには，基本が大切です。ここでは，絵や工作に不可欠な技能について考えてみましょう。

❶基本は教師が教える

作品を作るためには技能が必要です。しかし，教師が言った通りのことを再現するためだけの技能では，あまり意味がありません。自身で納得できる形で，自分の思いやイメージを表現できることが大切です。これが創造的な技能です。

しかし創造的といっても，用具の扱い方を子どもに考えさせる訳ではありません。基本的な扱い方は，教師がしっかりと教える必要があります。

❷彫刻刀の基本と創造的な技能

木版画ではじめて彫刻刀を使う場合を例に考えてみましょう。

刃物なので，いいかげんな使い方は怪我に直結します。利き手と反対の手を彫刻刀にそえるとか，刃を人に向けないとか，刃の前に手を置かないとかは必ず指導すべき事柄です。これらは話だけではなく，実際に彫ってみて体で覚えることが必要です。

彫刻刀は版面をすべるかすべらないかというぐらいに寝かせて浅く彫るようにしないと，刃先が板に食い込むように入って進まなくなります。無理なく彫れるようになるまでが，彫刻刀の基本といえるでしょう。この後は，彫りあとを工夫しながら創造的な技能に進んでいけばいいと思います。

> ポイント　技能は基本を教え，創造的に使わせる

❸基本と創造的な技能の配分

　基本と創造的な技能の配分は用具によって違います。また，その用具でどのようなことをするのかによっても違いが出ます。基本の部分をなるべく少なくして，用具を使う中で慣れながら創造的に使っていく方法もあります。

　例えば，電動糸のこで板をクルクルとハンドルをきるように動かしながら切っていくと，不思議でおもしろい形ができます。こうして，電動糸のこに慣れると同時に，切った板を組み合わせて作品にもできます。

❹身につく技能を見極める

　電動糸のこで自由に切るのはとてもおもしろい題材ですが，これで自在に切れるようになる訳ではありません。どういうことかというと，子どもが人や車など何かの形を作りたいと考えた時，この題材でいくら板を切る経験を積んでいてもうまく切ることができないのです。なぜなら，ここで獲得できるのは「切れるように切る」技能で「切りたい形に切る」技能ではなかったからです。

　何かの形に板を切りたい時，線を描いて切ろうとしますが，線通りに切るためには，線を刃の向きに合わせて刃に対してまっすぐに押さなければなりません。電動糸のこでは適当に切ろうとしても板を切ることはできますが，線通り切るというのはまた別の技能であることを知っておきましょう。

2　絵や立体，工作に表す指導

コツ17　無駄な努力をさせない

学びのある失敗は有意義ですが，意味のない失敗は避けたいものです。子どもが本当に大切なことに力を注げるように教師は配慮する必要があります。

❶無意味な失敗は避ける

　子どもが失敗したら，先生がいいことを教えてあげるよといって解決方法を説明する。「先生，頭いい」とほとんどの子どもはいってくれるかもしれませんが，「知っているならはじめから教えておいてくれればいいじゃないか」と思う子もいるかもしれません。その通りで，教師が解決するならはじめから失敗しないように手立てを講じておけばいいだけの話です。
　授業では教師が事前に予想できていれば，わざと失敗させることも，失敗を回避することも可能です。失敗したことで考えが深まったり解決方法を模索したりする学びのある失敗はさせるべきですが，時間が余分にかかるだけの無意味な失敗は避けたいものです。

> ポイント　教師が解決するなら失敗でなく手立てで

❷困っていることに気づく

　本来なら手立てが必要なのに，教師に知識や経験がなくて，それができないことがあります。
　誰にでも知らないことはありますが，大切なのは子どもが困っていること

に気づけるかどうかです。身近な木工用ボンドで考えてみましょう。接着剤は，乾燥して硬化することでもの同士をつけることができます。そして，硬化するまでは，動かさないようにしないといけません。木工用ボンドは容器から出した時点で少しずつ硬化が始まりますが，完全に硬くなるまでには12時間から24時間程度かかります。速乾を謳うものでも，通常の半分くらいです。

ですから，そもそも授業時間内では木工用ボンドを使う限り完全に接着したという状態にはなりません。手を離しても落ちない位置なら大丈夫ですが，手を離すと落ちてくるものは，授業時間中押さえていても接着は難しいでしょう。

木工用ボンドがそんなに長い時間固まらないということは，あまり知られていないのかもしれません。しかし，子どもの活動の様子をよく見てさえいれば，接着に苦労していることには気づけるでしょう。

❸本当に大切なことに力を注がせる

接着は使う材料に応じた接着剤を選ぶ必要があったり，接着剤によって使用方法が違ったりして難しい点がいくつかあります。調べたり，実際に使ってみたりして知識を増やしておくのがよいでしょう。先ほどの木工用ボンドでうまくつかない場合は，早く硬化する化学接着剤を使う，セロハンテープなどで仮止めする，グルーガンと木工用ボンドを併用するといった解決方法があります。

活動中は，思いつくままにどんどん作っていけるのが理想で，接着できないことで制作が中断することは，思考が途切れるということです。子ども達が本当に大切なことに力を注げるように配慮したいものです。

2章 苦手分野も克服！ まずは押さえたい図工授業のコツ ◆ 45

3 鑑賞の指導

コツ18 導入時に鑑賞でイメージを広げる

制作前に関連する写真などを鑑賞することで,イメージを広げることができます。ここでは,題材の導入時の鑑賞について考えていきましょう。

❶作例の鑑賞

絵や立体,工作に表す場合,どのようなものを描き作っていくのか,思い浮かばないと子どもは材料を前にして固まってしまいます。また,思いついたとしても画一的で豊かに発想しているとはいえない場合があります。

そこで,題材の導入時には,イメージを広げる鑑賞が有効です。教科書に準じた題材の場合は,教科書を見て大体のイメージをつかませることは多くの先生方が実践されています。また,教師の見本や以前に担当した子ども達の作品の写真なども活用することができます。

ただ難しいのは,作例を鑑賞するとその影響を受けてしまいがちなことです。見せることで逆にイメージを限定してしまうことになりかねません。作例の鑑賞は諸刃の剣といえます。メリットとデメリットよく考えて行うことが必要です。

> ポイント　作例の鑑賞は慎重に行う

❷関連した写真でイメージを広げる

　前章で取り上げた花の写真のように、作品につながる画像を利用するのもイメージを広げる手立てとして有効です。

　いきなり「海の中の生き物」といわれても魚しか思いつかない子どもは多いですが、エビやカニ、クラゲやウミガメなどの写真を利用するだけで、子ども達のイメージは一気に広がります。

　もちろん写真を使わないで、海の生き物を発表させて言葉でイメージを広げることもできます。ただ、形の工夫という点から、実際の写真の視覚情報が役に立つでしょう。

　また、同じ場所の昼と夜の写真を対比させたり、色あざやかな写真を鑑賞したりして色のイメージを広げることもできます。

❸視覚情報以外の鑑賞

　ところで鑑賞は、視覚情報だけで行われる訳ではありません。

　造形遊びでは、材料との出会いを大切にします。

　ここで、ふわふわしているとか、ごつごつしているといったさわった感じを楽しみ発想に活かすことができます。また、風や水の音を聞いてそこから感じたものを絵に表すこともあります。このように視覚だけでなく、触覚や聴覚などを通して鑑賞し、イメージを広げることができます。

2章　苦手分野も克服！　まずは押さえたい図工授業のコツ　◆　47

3 鑑賞の指導

コツ19 相互鑑賞では子ども同士で交流させる

友達の見方・考え方にふれることで、発想は豊かになります。また、子ども同士の鑑賞で教師が気づかされることもあります。自分や友達の作品鑑賞について見ておきましょう。

❶作品に活かす鑑賞

　考え方の癖や好みなどがあって、自由に考えたつもりでもいつもと似たアイディアしか出せないことがあります。しかし、他の人の発想にふれることで、なるほど自分もそうしてみようとか、それだったらこちらもおもしろいのではないかとか、自分の考えに取り入れたり、新たな発想のきっかけができたりします。

　図工でも同じです。自分だけの考えでは限界があっても、友達のしていることを知ることで、発想が豊かになります。ですから、個性的な考え方で作られている作品やおもしろい工夫が見られる作品は、ぜひ全体に紹介しましょう。これにより新しい考えを作品に取り入れることができます。

　制作途中に作品に活かすことのできる鑑賞の機会をもつことで、集団で学ぶ利点を活用しましょう。

> ポイント　制作途中の鑑賞で作品に活かす

❷振り返りと鑑賞

　授業の終わりや作品の完成時に自分の振り返りと友達の作品の鑑賞を行う

先生も多いと思います。紙に書かせた場合はそれを鑑賞の評価に加えることもあると思います。しかし，この振り返りと鑑賞は教師のために行う訳ではありません。

自分の活動を振り返ることで，工夫したことや困ったこと，うまくいったことやいかなかったことなどを見つめ直し，これからどうしていけばいいのかを考えることは子ども自身の成長に役立ちます。

友達の作品を鑑賞することで得るものもたくさんあります。作品に活かす鑑賞同様，こういうアイディアもあるのかと自分と違う発想に驚いたり，こんな風にできたらいいなという技能の目標になったりします。この鑑賞が実際に活きるのは次の題材かもしれませんし，遠い先のことかもしれませんが，他の人の見方や考え方にふれる大切な機会です。

❸子ども同士の視点

友達の作品の鑑賞時，教師があまり評価していない作品の素晴らしさを子どもが感じている場合があります。

もちろん，仲のよい友達同士のひいき目の場合もありますが，純粋にそのよさに気づいている場合も少なくないように思います。これは，子どもの見方を知るいい機会ではないでしょうか。子どもがよいと思うものを教師が知ることで，子どもの作品の見方が変わるかもしれません。

もう一つ忘れてはならないのが，教師が評価しなかった子をその子は評価しているということです。つまり，教師にはほめられなかったけれど，その子にはほめられているのです。ぜひ，子ども同士の交流の機会を設けて，よかったことがその子に直接伝わるようにしていただきたいと思います。おそらく友達に認められることは先生にほめられるよりずっと嬉しいことだと思います。

3 鑑賞の指導

コツ20 鑑賞の視点を明確にする

よく見ましょうと声をかけますが，それだけでは，見ているようで見ていないことになりがちです。鑑賞の時には何に注目して見るのかを明確にしておきましょう。

❶深まらない鑑賞

　鑑賞して気がついたことを発表すると，「家がある」「木が描かれている」「鳥がいる」というように描かれているものを，ただ羅列するだけになる場合があります。

　また「雲がUFOに見える」「ここにお化けがいそう」といった，何々のような気がするという自由な発言が飛び出すこともあります。

　子ども達がその絵を見て見つけたことや感じたことを発表しているので，それはそれで悪いことではありません。

　しかし，最後までこの調子で終わってしまうと深まりのない鑑賞になってしまいます。

❷詳しく聞く

　「動きだしそう」という意見を詳しく聞いてみると，「形が傾いているから」と答えてくれるかもしれません。「寂しそう」という子は，「一つだけ小さく描かれているから」という理由をもっているのかもしれません。

子どもからの意見を掘り下げると案外，形や色，大きさや構図といった作品の要素に基づいて考えているものもあります。そう考えた訳を聞くことで，単なる感想だと思っていた意見に根拠があると気づけることがあります。

❸鑑賞の視点を示す

ただ気づいたことを発表するというのではなく，「形」や「色」に注目して「形がどうなっているのか」「色がどうなのか」を考えさせてみましょう。そうすると「この木は細い枝がクネクネしている」「鳥の翼がとがっていて強そう」「家の屋根がたくさんの色で塗り分けられていてきれい」のように先ほどより詳しく見ることができます。

よく見ましょうと声をかけても何を見ればよいかわかりません。場合によっては，小さく描かれているものを見つける競争のようになってしまいます。形や色という鑑賞の視点を示すことで，それがどのように描かれているか考えることができます。

ポイント　鑑賞で「よく見ましょう」という言葉は効果的ではない

---

❹共通事項と鑑賞の視点

絵や立体，工作，その他の造形は全て形や色を要素として成り立っています。鑑賞もこの形や色などの視点で行うことになります。

学習指導要領の「内容の取扱い」では，〔共通事項〕の形や色の指導にあたって，低学年では「形や色，触った感じ」，中学年では「形の感じ，色の感じ，それらの組合せによる感じ，色の明るさ」，高学年では，「動き，奥行き，バランス，色の鮮やかさ」などを捉えることとなっています。

授業の進め方によって直接的に示さないことも多いでしょうが，教師が鑑賞の視点を明確にもっておくことで，深まりのある鑑賞ができるようになります。

2章　苦手分野も克服！　まずは押さえたい図工授業のコツ　◆　51

3 鑑賞の指導

コツ21 言語活動を重視する

鑑賞では，思ったことや感じたことをお互いに伝え合うことで，見方・考え方を深めることができます。図工でも言語活動を充実させていきたいものです。

❶言葉を整理する

「感情」をテーマにして作品を描き，それを鑑賞する授業を例に挙げてみましょう。対象は高学年です。

「感情」というテーマを聞いた時，いろいろな感情を思いつく子とあまり思いつかない子がいます。そこで描き始める前に，気持ちを表す言葉を発表させて整理しておきます。こうすることで，描く時に候補が広がると同時に，鑑賞時にそれらの言葉を使いやすくなります。

このようにスタートの段階で，ある程度語彙に関する知識をそろえておくことで，話し合いがスムーズに行われるという効果が期待できます。

❷言語活動を活発化する手立て

友達がその作品で表現した感情を想像しながら鑑賞します。この時，その絵がどんな感情を表していると思うかを付箋に書いて作品に貼らせてみましょう。こうすることで，それぞれの考えを可視化できます。また，意見交流

の際にも言葉が書いてあることで，聞き手に内容が伝わりやすくなります。「この付箋の言葉はどういう意味？」といった自発的な会話も始まりやすいでしょう。

　このように単語でも相手の考えていることの一部を知ることができれば，会話を始めやすくなります。そういう意味で付箋の活用は言語活動を活発化するための有効な手立てになるといえるでしょう。

> ポイント　考えていることがわかれば会話がはずむ

❸答えの有無で真剣さが変わる

　最後にその絵が表現している感情を，作者自身に説明してもらいます。これによって，自分が絵を見て想像した感情と作者が表した感情が合っていたか違っていたかの答え合わせができます。ただ，正解不正解はあまり重要ではありません。作者の考えを知ることで表現の意図を理解して作品を見つめ直したり，自分が深く考えることができていたかを振り返ったりすることの方が大切です。

　ところで，正解不正解が重要でないといっても，子どもに考えさせる場面では，答えがあることには大きな意味があります。

　正解があることで，そこにたどりつこうと自然と深く考えるようになります。もし自分の信じる答えと違う考えが出されたら反論にも結びつくでしょう。このように，自分の問題として真剣に取り組むために，答えの有無は大きな役割を果たします。

3 鑑賞の指導

コツ22 ゲーム性を取り入れる

鑑賞に活用できるアートカードは，様々な授業展開を考えられる使い勝手のよい教材です。このアートカードの活用にゲーム性を取り入れると，楽しみながら深く鑑賞させることが可能です。

❶アートカード

　美術作品をハガキ大の紙に印刷したアートカードという教材があります。

　これは，指導書についていたり，美術館が独自のものを作成していたり，市販されているものもあります。

　また，自分で用意した画像をプリントアウトしてラミネートすれば自作することもできます。

　活動内容によって必要な枚数は違いますが20枚から40枚程度あればいろいろなことができるでしょう。班ごとに１セット用意できれば理想的です。

❷アートカードを使った鑑賞

　アートカードは主に鑑賞で使います。たくさんの作品が印刷されている利点を活かして活用を考えるのがおもしろいでしょう。作品の中から選ぶ活動や分類する活動などが考えられます。

　例えば，選ぶ活動としては，自分の気に入った作品を決めたり，最も人気のある作品を予想したりするのはどうでしょう。

　分類する活動としては，色の似ているもので仲間分けしていくとか，描かれているものやイメージのつながるもので並べていくなどが考えられます。

❸よく見るための仕掛け

　作品をよく見るようにというよりも，よく見る手立てを用意した方が効果的です。そこで鑑賞にゲーム性を加えて，自然とよく見ようと思わせる仕掛けを考えてみましょう。

　部分をヒントに作品を探すのはどうでしょう。マクロモードで一部分を拡大撮影したデータをあらかじめ用意しておき，大型テレビを使って提示します。子ども達は手元のアートカードの中からその作品を探すという訳です。

　事前にデータを準備しなくても，小さな窓をあけた紙を用意することで同様のことができます。窓の大きさが違うものを何種類か用意しておくと徐々に見える部分を広くしてヒントを増やせます。

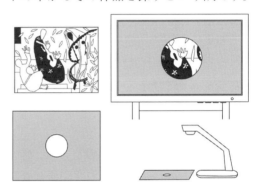

❹言葉を手がかりに探す

　アートカードが2組必要になりますが，言葉をヒントに作品を探すこともできます。出題者はアートカードを1枚選び，そのアートカードの特徴を発表します。メンバーはその言葉を頼りに出題者の選んだアートカードを推測するのです。この時，すぐわかる特徴ではなく，細かな特徴から発表するのが出題者の役目です。

　この活動では，出題者は特徴を発表するために，メンバーは出題者の言葉に当てはまるアートカードを探すために，自然とよく見るようになります。

ポイント　手立てを工夫すれば自然とよく見ることができる

Column

作品を大切にしてもらうこと

　学期終わりに，子ども達に絵を返却した時のことです。一人の子が私のところにやってきて，以前に書いた作品の話を始めたのです。

　何のことかと思って聞いていると，以前に描いた別の作品が家に飾ってあるらしいのです。どうやら，絵を家に持ち帰ったところ，両親がとても気に入って，壁に飾ってくれているとのことでした。

　そして，今配った作品を手にしながら，「これを持って帰ったら，また気に入って飾ってもらえるかなぁ？」とニコニコしながらいうのです。

　その子の絵は，思いに技能が追いついていない感じで，大人から見ると上手な絵とはいえないのですが，その子なりに工夫をいっぱい入れながら描いたものです。それを両親が気に入ってくれたことが，なにより嬉しかったようです。

　この子の絵が大切にされているということは，この子の思いが大切にされているということでしょう。本当にいいご両親だと思います。

　図工の時間に保護者の方を意識することはあまりないかもしれませんが，作品を持ち帰ることで授業と家庭がリンクします。

　この時，保護者の方には，上手下手で判断するのではなく，作っている時の楽しそうな様子を思い浮かべながら見ていただきたいものです。そうなるためには，図工のことをもっと知っていただくよう教師が働きかける必要があるのかもしれません。作品に込められた子どもの思いや活動の様子など，図工の情報を保護者の方に知ってもらう機会をもちたいものです。

3章

章

使い方だって上手に教える！
用具指導のコツ

1 紙粘土・軽量粘土

コツ23 乾燥対策を万全にする

紙粘土は原料の割合などによって様々な特徴をもつ製品がそろえられています。活動に適した製品を選ぶために，はじめて使う粘土は見本などを取り寄せて試すようにしたいものです。

❶紙粘土の基礎知識

　紙粘土は安価で扱いやすく，乾燥すると硬くなるので，保存できる作品を作る際よく使われる造形素材です。紙粘土はパルプとのり，石粉などを原料としたものですが，原料の割合などによって手ざわりや色，なめらかさや重さなどにずいぶん違いがあります。見本などを取り寄せて，実物を試してから授業での使用を決めるのがいいと思います。

　割合は少ないですが，中にはペットボトルや瓶，針金などの芯材が使えないものもあり注意が必要です。こういった紙粘土は，芯材につけにくかったり，ついたとしても乾燥すると割れてしまったりします。

> ポイント　紙粘土は製品による違いが大きい

❷軽量粘土

　紙粘土や樹脂粘土にプラスチック製の細かな中空体を混ぜることで，紙粘土のような扱いやすさを保ちながら軽量化を実現した粘土です。ちなみに樹脂粘土の原料の樹脂は，木工用ボンドの成分と同じものです。

　例えばキリンを紙粘土で作る際，頭を斜め前に出すと重みで首が曲がって

しまいがちです。しかし，軽量粘土ではそういったことはあまりありません。軽量粘土を使う最大の利点は，重さで壊れてしまう心配がほとんどなくなることでしょう。

軽量粘土はやわらかさを残して固まります。また，強度もあまりなく，力を加えると簡単に割れてしまいます。紙粘土も強度があるわけではありませんが，少し丈夫なものをと考えるなら軽量粘土は選択肢から外れます。

❸着色の仕方

紙粘土，軽量粘土ともに着色が可能です。形が完成してから，えのぐと筆で色をつけることができます。色落ちが心配な場合は，その後，水性ニスを塗っておくとよいでしょう。

形が完成してから着色すると，表面がデコボコしているために塗り残しができてしまいます。これを避けるためにえのぐを混ぜ込んだ色粘土で作品を作っていく方法もあります。

色粘土の作り方は，粘土を適当な大きさにちぎり，その上にえのぐを直接出します。お餅に餡を包むような要領で粘土の中にえのぐを入れ，伸ばしてはたたむことを繰り返して混ぜ込んでいきます。こうすると均一に色がつくため，さらに細かく分けて使うことが可能です。完全に混ぜ込まないで，マーブル模様のような粘土にすることもできます。

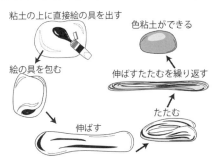

また，紫色がほしいと思った場合には，混ぜ込むえのぐの色を赤と青の2色にして作ることもできますし，赤と青の色粘土を先に作ってそれを混ぜて

もできます。

　色粘土にする方法は，白い粘土にえのぐを混ぜているため，淡い優しい色の作品ができます。逆にいうと原色に近い色にするのは，えのぐの量を増やしたとしても難しいです。

❹制作時の注意点

　できた形に別の形をつけていくことで作品を作っていく場合，つけようとする部分の乾燥具合によって少し方法が異なります。

　先にできている方がまだ乾いていない場合は，押しつけるだけで別の形を接着できます。

　しかし，先にできている方が乾いてしまっていたら，押しつけるだけでは不十分です。仮についたように見えても，乾くと外れて落ちてしまうことがあります。それを防ぐため，木工用ボンドを使って貼りつけておきましょう。

　使う粘土によっては，両方乾いていなくてもつけにくい場合がありますので，その場合は，ひねり出すことで形を加えたり，つけた後に粘土を伸ばしてなじませたり，接着には全て木工用ボンドを使ったりと壊れないための作り方の工夫が必要でしょう。粘土同士の接着力は製品によって違いますので，使用するものに応じた方法を考えましょう。

❺保存方法

　紙粘土や軽量粘土の作品は，未完成であってもできている部分に関しては乾燥しても大丈夫です。むしろ主要部分が乾燥している方が，固まって形が安定している分，作りやすくなります。

　問題は使い残した粘土の保管方法です。乾いてしまうと形を変えることができなくなってしまって使えません。万全の乾燥対策を行いたいものです。

　製品の中には保存袋が入っているものもあります。

　チャックつきで乾燥しないように思えても，全員がきちんとチャックを閉じているかはわかりません。たとえ開いていても大丈夫なように，大きなゴ

ミ袋などに保存袋ごと入れておくとよいでしょう。班ごとに集めておくと，次時の配布が容易になります。

　ところで，色混ぜをして作った色粘土の保管はどうすればよいでしょうか。私は名前を書いたレジ袋を使っています。

　色ごとにまとめた色粘土をレジ袋の底に少し間隔を置いて並べます。

　そして，底の色粘土を中心にしてレジ袋を巻いていきます。

　こうしたレジ袋の巻物を班ごとに大きな袋に入れて口をしっかり閉めて保管しています。

　製品に保存袋がついていない場合も同様にレジ袋かビニール袋を使えばよいでしょう。

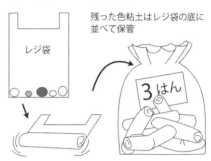

❻作っている間に硬くなる

　粘土は袋から出すとどんどん乾いていきます。最初はなめらかだったものが，授業の終わり頃には，乾いて伸びや手ざわりが変わっています。特に2回目の授業となると，それだけ粘土が外に出ている時間が長くなるので，対策が必要になります。

　完全に乾いて硬くなったものは無理ですが，水を加えることでもとに近いやわらかさまで戻すことができます。霧吹きで手や粘土を湿らせて練るといいでしょう。

　また保管する粘土も，次の授業までの間が長くあく場合は，外袋の中に濡れタオルを入れたり，霧吹きで内側を湿らせておく方が安心です。その上で日のあたらない涼しい場所に保管しましょう。

　紙粘土は開封しなくても硬くなります。前年にあまったものを使うなどという時には，使用できる状態か確認しましょう。

2 ローラー・練り板

コツ24 個人持ちえのぐには のりと霧吹きを用意する

版画にインクをのせるのにゴムローラーは欠かせません。スポンジローラーは転がして色をつけることができる楽しい用具です。この二つのローラーについて見ておきましょう。

❶ゴムローラーとスポンジローラー

図工でよく使われるのは、ゴムローラーとスポンジローラーです。ローラー部分の材質の違いというだけでなく、重さや形状もずいぶん違います。

ゴムローラーは重くて硬いので、主に平らな面にゆっくりインクをのせていく木版画に使用されます。

スポンジローラーは軽くてやわらかいので、ローラー遊びや凹凸の大きい毛糸やプチプチマットなどを貼りつけた紙版画に適しています。

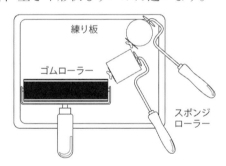

❷練り板とローラー

ローラーは通常、練り板とセットで使います。練り板にはステンレス製のものとプラスチック製のものがあり、耐久性や強度に違いはあるものの、どちらを選んでも活動に支障はありません。

練り板にえのぐやインキを出したら、ローラーで広げていきます。インキベラを使わなくても大丈夫な場合が多いでしょう。インキが広げられていない状態でローラーを素早く動かすと飛び散ることがありますので、最初はゆ

っくりと動かすようにしましょう。

　ところで，ローラー遊び用に専用のインキが販売されています。

　ローラー遊びは，このインキでないとできないと思われている方がいますが，子どもが持っているえのぐで十分可能です。

　練り板にえのぐを出す時に，同じぐらいの量のでんぷんのりを加えるのがコツです。これはローラーがすべって空回りしないように，えのぐにねばり気を加えるためです。

　えのぐの伸びが悪い場合や，硬く感じる場合は，霧吹きで水を加えるとよいでしょう。

❸手入れと保管方法

　ローラーに汚れがついたまま放置するとローラーの表面がすべってうまく回転しなくなります。きれいに汚れを落としてから片づけましょう。

　子どもが洗うと軸やフレーム部分にインキがついたままになっていることがあります。洗った後，班で確認するか，教師が点検するとよいでしょう。

　スポンジローラーは何かにあたったまま置かれていると，簡単に凹みができてしまいます。凹みができるとそこだけ色がつかなくなるので，意図しない塗り残しができてしまいます。

　ローラースタンドがあれば，ローラー部分を下にしてぶら下げて保管できますが，ない場合は購入時についていた紙管を乾いてからローラーにかぶせておきましょう。

　ポイント　スポンジローラーは凹ませないように保管する

3 金づち

コツ25 金づちは柄を下げないよう気をつける

実生活で釘を打つことはとても少なくなりました。それだけに学校での経験が貴重であるともいえます。数少ない機会ですので苦手意識をもたせないようにしたいものです。

❶金づちの基礎知識

釘を打つための頭（先端）が金属のものを金づちといいます。学校ではその中でもげんのうと呼ばれる，両面が平らになっているものを使うことが多いようです。両面が平らといっても，一方はやや曲面になっており，こちらの丸みのある面は，釘を最後まで打ち込む場合に板を傷つけないためのものです。

釘の打ち始めは釘を指で支え，柄の頭に近い部分を握って小さく軽く打ちます。釘が板に入ったら，柄の下の方を握って強く打ち込みます。

❷安全指導

軽く打つ場合の回転の軸は手首，強く打つ場合の回転の軸は肘になります。

金づちを肩を軸にして使うことはないので，頭より上に振りかぶるような動作はありえません。たとえ冗談でもしないように指導しておきましょう。

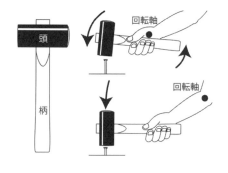

釘が斜めになるのは、頭が釘に対してまっすぐにあたっていないためです。

この原因で最も多いのが、柄が下がっていることです。

机の上に板を置いて、椅子に座って打つと、釘が高い位置にくるので、図のようにどうしても柄が下がってしまいます。柄を下げないためには、立って打つのがよいでしょう。

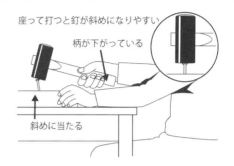

❸うまく打てない子の指導

何度もたたいているのに釘が一向に板に入っていかない子もいます。

こういう子は手の力を抜いてしまって、しっかり柄を握っていないことがあります。

あたった瞬間金づちが手の中で跳ねて力が伝わらないので、釘が入っていきません。釘を打った時の振動をしっかり手で受け止めるつもりで、柄を強めに握って打たせるようにしましょう。

また、板が曲がっていたり、机との間に何か挟まっていて、隙間があいていたりする場合も力が伝わらないので、うまく釘が入りません。

この場合は、挟まっているものを取り除いたり、下にタオルのようなものを敷いたりして隙間をなくしましょう。

釘を持つ手を誤って打ってしまう恐怖から強く打てない子や、支える力が弱く打ち始めるとすぐに釘を傾けてしまう子がいます。

そんな子には釘を支える道具を与えましょう。ペンチや洗濯バサミのギザギザしている部分で釘を挟むと、安心して打てるようになります。

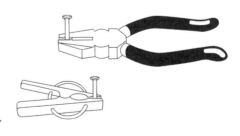

3章 使い方だって上手に教える！ 用具指導のコツ ◆ 65

ポイント　ペンチや洗濯バサミで安心して釘が打てる

❹釘をたたいて直さない

　釘が斜めになったら横からたたいて直す子がいます。
　大人でもこうする人が多いのですが，これが有効なのは浅くしか入っていない場合です。
　深く打ち込んで横からたたくと木から出ている部分はまっすぐになりますが，これは釘が曲がってそのように見えているだけです。

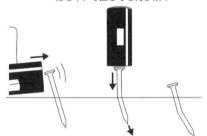

釘を叩いて直しても再び傾く

　先端は斜めになっていますから，これを打つとまた傾いていきます。
　そこで釘が斜めになったら，一旦抜いてしまって最初から打ち直しましょう。

❺金づち・釘を使う題材

　釘は本来，木を接合するものですが，家具などの木製品での使用はずいぶん少なくなっています。
　これは薄い板を貼り合わせた合板や廃材や端材を小さくして成型した木質ボードなどの普及で，板材自体が釘を使いにくいものになっているからです。
　題材の中で釘を使う場合は，板材との関係を考慮しましょう。
　もう一つ，釘の長さも考えておきましょう。
　打ちつける板の厚みの2.5〜3倍の長さが基本ですが，釘は長くなるほど太くなります。太いと板が割れやすくなりますし，また子どもの力で打ちにくくなります。
　木の箱を作るような場合，合板や木質ボードが材料なら，釘だけで接合す

るのは無理があります。

この場合は，木工用ボンドと併用しましょう。こうすることで，使用する釘の長さを短くすることもできます。また，打つ時に木に大きな力を加えないように，打ちつける木に抜け通るか通らないかぐらいの穴をきりであけておくのがよいでしょう。

釘を接合に使わず，釘を打つ行為自体を楽しんだり，打ちつけた釘を飾りとして使ったりすることもできます。

コリントゲームやビー玉迷路は，間隔や形を工夫しながら釘をたくさん打つことができ，完成した後もそれで遊ぶことができる楽しい題材です。

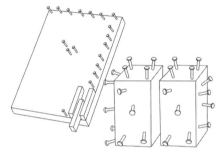

木切れに釘をたくさん打ちつけて，トゲトゲした形を作るのもいいでしょう。この場合は，木のあらゆる面から釘を打ちたくなりますが，釘を打った反対の面には打てないことに注意が必要です。この問題は打てる面がなくなった木同士を接着することで，ある程度解決できます。

❻金づちの管理

金づちの頭の部分がぐらついているものはないか点検しておきましょう。

もしゆるんでいたら，頭の部分にはさわらないで，柄の部分を床など硬いものに垂直に何回かあてるようにすると，金属の重みで頭が柄にしっかりと入ります。

すぐにぐらついてしまうものは，柄が悪くなっているので，処分して新しいものを購入して下さい。

頭が緩んでいたら柄を床などに打ち付ける

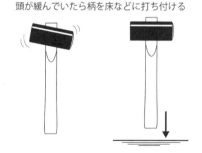

3章　使い方だって上手に教える！　用具指導のコツ　◆　67

4　釘抜き

コツ26　テコの原理で釘を抜く

釘を曲げてしまったり，斜めに入ってしまったりした時に釘抜きを使いますが，テコの原理を活かさないと楽に抜けません。できるだけ少ない力で抜くことが安全につながります。

❶当て木の厚みと必要性

　釘抜きを使う時は，割り込み部分に釘を引っかけて，柄を自分の方に倒して抜きます。この時，板が傷つかないように，別の板を当て木に使います。この当て木の厚みは釘の長さによって調節する必要があります。コリントゲームなどで使う短い釘の場合は，5mm程度のベニヤ板で十分でしょう。また，短い釘は細く抜きやすいので，当て木がなかったとしても板に傷ができることはあまりありません。活動内容に応じて当て木の厚さや必要性を考えましょう。

❷釘抜きを使った釘の抜き方

　細い釘は抜きやすいとはいっても，間違った使い方をするとうまく抜けなかったり，怪我をしたりすることがあります。釘抜きはテコの原理で釘を抜く道具ですので，支点・力点・作用点を考えて使えば，自然と正しい使い方になります。

　よくある誤った使い方は，割り込みに釘の頭を引っかけて，上に引っ

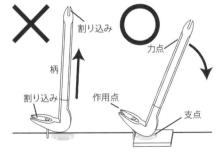

張り上げようとするものです。こうして抜くためには大きな力を必要としますし，もし抜けたとしたら，大きな力が行き場を失うことになって大変危険です。いわゆるすっぽ抜ける状態になって，釘抜きが急に振り上げられるような形になります。抜こうとしていた釘も飛んでいってしまうかもしれません。

❸小さな力で抜く

　そうならないように，釘はコントロール可能な小さな力で抜くようにします。支点から作用点までの距離は近い方がよく，支点から力点までの距離は遠い方が楽です。割り込みの奥までしっかりと釘を入れ，柄のなるべく上の方を持って，支点を軸にシーソーが下がる感じで，自分の方に倒します。この時，木の向こう側が浮き上がろうとしますので，反対の手でしっかりと押さえておかないといけません。

　よく柄の中ほどを持って倒そうとする子がいますが，これではテコのよさを十分活かせていないだけではなく，釘抜きの先端が顔の近くにきてしまいます。急に抜けた時，釘抜きの先端部分が顔にあたる危険性もあるので，柄の上の方を持つように指導しましょう。

❹最後まで打ちつけた釘

　最後まで釘を打ちつけてしまうと，割り込みに釘の頭を引っかけることができず大変苦労します。木から抜け通っている場合は，釘の先を打ち戻して頭を出すことができますが，そうでない場合は，割り込みで少しずつ頭をもち上げなければなりません。いずれにしても苦労しますので，釘を完全に打ち込む前に一旦打つのをやめて，正しく入っているか確認させるようにしましょう。

　ポイント　釘を最後まで打ちつける前に正しく入っているか確認する

5　ペンチ・針金

コツ27　ペンチを釘抜きとして使う

ペンチは針金を切ったり加工したりする時に使いますが，釘を抜く時にも役立ちます。ただ，力の弱い子どもに釘を抜かせるためには，普通に行われている方法ではうまくいきません。

❶ペンチの基礎知識

ペンチには，通常のものと細かい作業がしやすいように小ぶりで先端部分が細くなったラジオペンチがあります。どちらも先の方に溝がついていて，ものを挟めるようになっています。奥には刃がついていて，ここで針金を切ります。

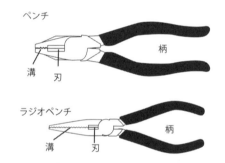

❷ペンチを使った釘の抜き方

ペンチを使っても釘を抜くことができます。ペンチで釘の頭をつかんでねじりながら抜く方法が一般的ですが，これでは支点ができないので楽に抜くことはできません。

そこで，ペンチを使う場合もテコの原理を使って抜いてみましょう。ペンチの刃に釘を挟みます。通常ペンチでものを挟む時は溝を使いますが，抜くには不都合があるので刃を使いましょう。釘が板からたくさん出ている場合はペンチの刃を上に，そうでない場合は刃を下にするとよいでしょう。支点は，ペンチの先になります。釘抜きが「作用点－支点－力点」の順だったの

に対しペンチは「支点－作用点－力点」になります。

　釘を挟んだら支点を板に押しつけるようにして，ここを軸に円を描くように斜め上に持ち上げます。

　この時，ペンチの柄の下になっている部分が浮き上がろうとするので，反対の手で押さえておきます。

　釘抜きがたくさん用意できない場合でも，ペンチを使えばある程度の数を確保できるのではないでしょうか。しかも，この方法で釘を抜くと，釘抜きより楽に抜けると感じる子が多いはずです。

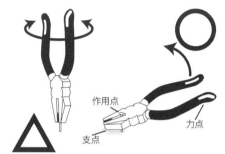

ポイント　ペンチでもテコの原理で釘を抜く

---

❸針金の種類と安全指導

　図工で使われる針金は加工のしやすさからアルミなまし線が使われることが多いようです。なましとは，焼なましのことで，金属を適当な温度に熱してから徐々に冷却することでやわらかくする製法ですが，これがされているのといないのとでは，同じアルミ線でもずいぶん硬さが違います。

　スチール線はビニール被覆線などもありカラフルで安価なのですが，硬いので細かな加工には向きません。

　巻かれた針金を購入した場合は，適当な長さに切るか切らせるかして使用しますが，切り口をそのままにしていると危険です。先端を丸めておくかビニールテープで巻いておきましょう。

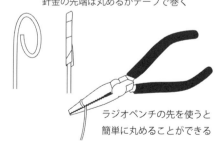

3章　使い方だって上手に教える！　用具指導のコツ　◆　71

6 きり・ドリル

コツ28 きりは持ち運び方に気を配る

釘の下穴をあける時や，電動糸のこ刃を通す際にきりを使います。先端が鋭くとがっているので，扱いには気を配りましょう。材料や穴の数によっては電動工具をきりのかわりに使ってもいいでしょう。

❶きりの種類と使い方

　木に穴をあける道具としてきりがあります。きりには先端の違いで四角錐の四つ目きりと三角錐の三つ目きりがあります。四つ目きりは小さい穴，三つ目きりは大きい穴があきますので，釘を打つ際の下穴には前者，電動糸のこ刃を通すためには後者と使い分けるといいでしょう。

　きりの刃先が板を貫通した場合に机や床を傷つけないように，穴をあける木の下に角材などを組んで床との距離をとります。図工室の椅子が穴のあいたものならそこを使うこともできます。

　板を他の人に支えてもらうか足で押さえるなどして固定したら，きりの柄を両手で挟み，こすり合わせるようにして回転させ穴をあけます。

❷きりは持ち運びに注意する

　きりは穴をあける時より，持ち運ぶ時に注意が必要です。先端が鋭くとがっているので，持ち方によっては人と接触するだけで怪我をさせてしまいます。

　そこで，刃先を下にして柄の刃に

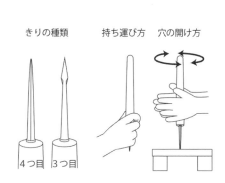

きりの種類　　持ち運び方　　穴の開け方

近い部分を軽く持って，手で刃先を隠すようにしましょう。この時，強く握ると自分の手を傷つける恐れがあるので，優しく持ちます。人も自分も傷つけないようにするのが，用具を使う時に最も大切なことです。また，このように持つと人に渡す時も自然と柄の部分を人に向けて渡せます。

> ポイント　用具を使う時一番大切なことは，人も自分も傷つけないこと

❸電動ドリルで穴をあける

　厚みのある合板にいくつも穴をあけるとなると，きりではとても大変です。そこで電動ドリルやボール盤で穴をあけることも，選択肢に入れておくといいでしょう。

　ドリルと聞くと大きな怪我をしそうで利用を躊躇されるかもしれませんが，きりで無理をするより危険は少ないと思います。何を使うにせよ，正しく使えば安全ですし，間違った使い方をすると危険です。

　電動ドリルの切り替えレバーを正転にしてトリガーを引きます。板をしっかり固定して，回転しているドリル刃を板に押しあてて穴をあけます。刃を抜く時は逆転にして回転させながら抜きます。

　電動ドリルと似た道具にボール盤があります。主軸にドリルがつけられていますので，ドリルを支える必要がないことで，精度の高い加工が比較的簡単に行えます。子どもにとってもボール盤の方が扱いやすいでしょう。

　ただ，これらの工具を扱う際は，付属の説明書に必ず目を通すようにして下さい。

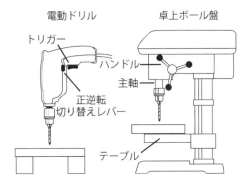

3章　使い方だって上手に教える！　用具指導のコツ　◆　73

7 のこぎり・万力・クランプ

コツ29 しっかり固定する

のこぎりを使わせる際，教師が知っておくべきことは意外にたくさんあります。さらに，基本をふまえた上で，子どもがうまく切れない原因と対処法を探りましょう。

❶のこぎりの種類と使い方

のこぎりには両側に刃のついている両刃のこぎりと，片側に刃のついている片刃のこぎりがあります。両刃のこぎりの刃は，大きな刃の方が木目方向に切る縦挽きで，小さな刃の方が木目を横切るように切る横挽きです。

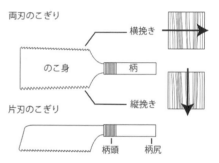

片刃のこぎりは，縦挽き横挽きに関係なく使うことができます。のこぎりは，刃の部分がむき出しの道具なので，きりと同じく不用意に持ち歩くと危険です。両手で柄を握り，のこ身を下にして体の前の近い位置で持たせましょう。

図工室の椅子を倒すと，木を固定するためのでっぱりが用意されている場合があります。この止め木部分を手前にして，そこに引っかけるように木を置き，手か足で押さえながら切っていきます。のこぎりを持つ

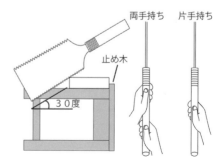

手が片手ならば柄の真ん中あたりを利き手で，両手ならば柄尻を利き手で柄頭を反対の手で握ります。

❷切り始め

　箱などを作る時などでミリ単位の正確さが必要な場合は，書かれた線を半分残すつもりでのこ刃を材料にあて，親指の関節か当て木を刃の横にそえて動かし始めます。

　姿勢に気を配って，頭の位置はのこ刃が一本の細い線に見えるように真上にくるようにします。左右どちらかに偏ると，切り口が斜めになったり，のこ刃が倒れてうまく切れなかったりします。

　切り始めは安定しませんので，ゆっくり小さく動かしましょう。数回挽いて溝ができたら，角度を30度ぐらいにして，刃全体を使うつもりで大きく前後に動かします。この角度を保ったまま最後まで切っていきます。

　日本ののこぎりは引く時に切れます。しかしそれは力を入れて引くということではありません。リズミカルに前後に動かすことで，自然にのこ刃が木の中に入り込んでいくイメージで切っていきましょう。

❸切り終わり

　残りわずかになると切り落とす側の材料自体の重みで先が下がり，のこ刃が動かしにくくなったり，木が割れてしまったりすることがあります。

　そこで，切り落とす部分を自分で支えながら切ったり，友達に持ってもらって切ったりします。

　切り終わりは，のこぎりをゆっくり優しく動かして，切り離しましょう。

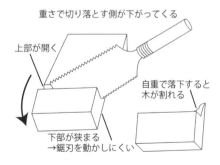

3章　使い方だって上手に教える！　用具指導のコツ　◆　75

❹実際はうまく切れない

　ここまでのこぎりの基本的な使い方について説明してきましたが，実際にさせてみると，教師が考えていたようにはうまく進みません。

　どういうことかというと，のこぎりで木を切る時は，のこ刃が刃の厚みぎりぎりの溝の中を往復していますので，溝に対して少しでも向きが変わると刃が引っかかってしまいます。

　この時その衝撃で，力を入れて押さえていても，のこぎりの動きと一緒に木が動いてしまいます。

　木が動いたことで，溝の位置や向きが先ほどまでとは微妙に違ってくることが，さらに引っかかる要因になってしまいます。

　このように，のこぎりは，上手に同じラインを描くように動かし続けることができれば楽に切れますが，少しでも向きが変わってしまうと途端に切れなくなってしまうのです。

ポイント　同じラインを描くようにのこ刃が動かないと切れない

---

❺木を固定することが唯一の解決策

　少しぐらい引っかかったとしても木がしっかり固定されていれば，木の向きが変わらず，のこぎりを動かし続けることができます。

　そうするとのこ刃は引っかかったところを削ることができるので，またスムーズに動かせるようになります。

　つまり，のこぎりで切る時に一番大事なことは，木をしっかり固定することです。

　一人で押さえるより友達に協力してもらう方が安定します。椅子に止め木がない場合は，下にすべり止めマットなどを敷くのもいいでしょう。

　万力かクランプを使えばしっかり固定できて，しかも両手挽きができるの

でとても楽に切れるようになります。

ともかく，木をしっかり固定することが，技術の未熟な子ども達が木を切る唯一の解決策だといえるでしょう。

❻万力を使う

万力やクランプを使えば，人が押さえつけるよりはるかに安定して材料を固定することができます。

図工で使われる万力は作業机に据えつけられた大型のものと，机などに取りつけることのできる小型のものがあります。

小型の取りつけ万力でも，丈夫な机につけることさえ守れば，のこぎりでの切断に十分使用できます。口金の開く範囲の材料しか固定できませんので，あまり太い材料は向きませんが，図工で使う場合はほとんど問題にならないでしょう。

万力は，のこぎりだけではなく，やすりがけの場合にも大変役に立ちますので，図工室にある場合はぜひ活用してみて下さい。

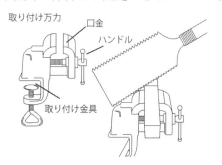

❼クランプを使う

幅の広い板材は，クランプを使って固定することができます。

挟んだ時，材料にあとがつかないように当て木をして机に固定します。クランプの種類によっては，材料にあたる部分にゴム素材が使われていて，当て木の必要がないものもあります。長い板材は複数のクランプで固定するとよいでしょう。

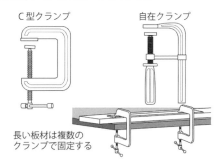

Column

グロテスクな表現にどう対応するか

　残酷なシーンを描いたり，グロテスクな表現を好んだりする子が時々います。子どもの思いを自由に表現させる時，こういった表現をどのように扱えばよいのでしょうか。表現の自由だからと子どもに任せるのも違うように思われますし，無理やり別の表現を強いるのもおかしいように思われます。

　その子をとりまく環境やつらい状況などがそういう絵を描かせているのだとしたら，図工だけの問題ではなくカウンセラーや児童相談所などとの連携を含めた対応になる場合もあるでしょう。ですので，どの子にも同じような対応をとる訳にはいきませんが，見る人を意識させてみるというのが一つの方法です。

　表現するということは，それを認識できるように形や色に表すことです。では，認識するのは，誰でしょう。もちろん自分はそうでしょうが，他人もそれを見たり感じたりすることができます。つまり，表現は自分だけでなく他者も想定したものであることをその子に話してみるのです。

　その表現を見た人は幸せな気分になれるのか，見てよかったと感じてもらえるのか，そう問うことで，自分の表現を振り返ることができるのではないでしょうか。心地よいと感じるものを見る時と，そうでないものを見る時では，脳細胞レベルで異なる結果が出るという研究もあるようです。子ども達には，自身を含め，見た人の脳に好影響を与える表現をしてもらいたいものです。

4章

押さえどころがわかれば安心！
発達段階を考えた
授業のコツ

1 低学年の指導

コツ30 完成度を高めすぎない

低学年の子どもは図工の材料や用具に興味津々で，楽しみながら活動できます。しかし，完成度を高めようとしすぎると，子どもの自然な欲求とずれ始めます。

❶喜びと感動がいっぱい

　子ども達にとって，図工の授業はワクワク感でいっぱいです。きれいな色ができたことに喜び，おもしろい形ができたことに歓声を上げます。目を輝かせて授業に臨んでくれるので，教師もやりがいがあります。特に低学年の子どもは経験していることが少ないので，大人にとってはなんの変哲もないことでも新鮮で興味をひかれます。そこで，材料・用具・場所などの出会いを大切にして授業を行いたいものです。

❷作る過程を楽しめるように

　この時期の子どもは作品をうまく完成させることよりも，作る過程を楽しんでいます。思いついたことを次々と描く，色紙をどんどん貼りつけていく，こういった行為自体を楽しんでいます。その時，描くものの出来や貼りつけるものの形には，あまり感心がないことがあります。

　思考のスピードに手のスピードが追いつかないのは当然です。思いついたことがたくさんあったなら，そ

れを次々と形にしていくことに一生懸命になりますから，大人からするとずいぶんと雑に見えることもあるでしょう。

このような時，完成度を高めるため隙間なく塗らせようとすると，子どもの思考はそこで一旦止められることになります。描きながら考えていたのに，塗ることに集中させられたらどうでしょうか。次に描きたかったものを忘れてしまうかもしれません。子どもの思考を妨げない配慮が必要になります。

❸用具をたくさん使う機会をもつ

低学年では，手指の巧緻性が高まっていないので，材料や用具をうまく扱うことができません。そこで，これらを多く使う機会を設定したいものです。この時，使うことが楽しくなるような方法で行うのが理想です。こうして活動すると疲れを感じませんし，活動の量も自然と多くなるでしょう。

入学当初にえのぐセットを購入する学校も多いですが，これをうまく使うのは難しいので無理のない範囲で扱いましょう。

❹興味を今の活動に向ける

低学年では見通しをもって活動を進めていくことがまだ難しいので，いくつかの活動を経て作品が完成する場合，それを最初から最後まで説明することが逆に活動の質を低下させることがあります。

例えば，発泡スチロールの板の端を割り取って島の形にする題材で，モールやビーズなどをそこに飾っていくとしましょう。割り取った部分を島に貼りつけたり，島に色を塗ったりする最初の部分でも，たくさん工夫できて楽しめます。しかし，きれいなビーズを見せてもらった子ども達は，それを早く使いたくて島に色を塗ることに興味がもてなくなったり，モールの形を工夫しなくなったりしがちです。順を追って作るような場合は，興味が今の活動に向くような授業の流し方が必要でしょう。

1 低学年の指導

事例 1 紐につるそう（造形遊び）

造形遊びでは場所が重要な要素になります。ただ，特別な場所を探し回らなくても，手すりや窓枠にロープを張るだけで，いつもの教室が造形遊びに適した場所に変わります。

①題材目標

材料と教室に張られたロープから思いついたものを作り，教室内が変わっていく様子を楽しむ。

②対象・指導時間

低学年　2時間

③主な材料・用具

ロープ　紐　色画用紙　色紙　テープ　クラフトパンチ　はさみ　のり　など

④評価の観点

・場所や材料から活動を思いつき，切ったり，貼ったり，結んだりして工夫して作ることができる。
・教室が飾られて変わっていく様子を楽しむことができる。

⑤授業展開（2時間）

時間	児童の活動	指導のポイント
0.2	1　材料，場所と出会い，どのような活動ができるか考える。	・ロープにものがつけられると重みで中央が下がってしまう。たわみが大きいと紐などが結びつけにくくなる。中央を引っ張り上げたり，台を置いたり，短い距離でロープを張ったりと，たわみが少なくなる手立てを講じたい。
1.5	2　材料の形を変えたものをロープにつけたり，つけたものの形を変えたりしながら活動を楽しむ。 つなぐ　切る貼る　裂く　編む	・材料や用具が豊富だと発想が広がりやすいので，クラフトパンチやギザギザばさみ，お花紙など用意できるものをいろいろ使わせるようにするとおもしろい。 ・形を作ってからつるす方法と，つるしてから形を変える方法がある。どちらの方法で活動するかは子どもに任せたい。
0.3	3　下をくぐったり，ふれたりしながらできたものを鑑賞する。	・鑑賞は見るだけではなく，くぐったりふれたりしながら行わせたい。力を加えると予期せぬことが起こる場合があるので，ルールを決めて鑑賞する。

4章　押さえどころがわかれば安心！　発達段階を考えた授業のコツ　◆　83

1 低学年の指導

事例 2 チョークの優しい色で（絵）

普段授業で使っているチョークを画材として使ってみましょう。黒い画用紙に粉にしたチョークを指で塗っていくと，幻想的な雰囲気の作品になります。

①題材目標
　チョークの粉の色や手ざわりなどを楽しみながら，自分の表したいものを見つけ絵に表す。

②対象・指導時間
　低学年　1時間

③主な材料・用具
　チョーク（班ごとに5色程度）
　黒色画用紙　紙　クレヨン
　など

④評価の観点
・チョークの粉の色や手ざわりなどを楽しみ，描くものを考えることができる。
・色や塗り方，形などを工夫しながら描くことができる。

84

⑤授業展開（1時間）

時間	児童の活動	指導のポイント
0.1	1　材料・用具を準備する。	・チョークは班ごとに5色程度を セットにして，紙コップなどに 入れておくと配布しやすい。 ・粉がつくと画用紙を裏返しにく いので，最初に裏に名前を書い ておく。
0.1	2　チョークの粉の作り方を知 る。	・チョークの粉は別の紙の上でチ ョークをこすって作る。大量に 必要な場合は金網の上でこすっ てもよい。1枚の紙で何色か作 ることができる。汚れてきたら 新しいものに取り換える。
0.3	3　白いクレヨンを使って輪郭 を描く。	・チョークでも輪郭を描くことは できるが，色をつけようとこす った時，線が消えてしまうので， クレヨンの方がよい。
0.5	4　チョークの粉で塗る。	・チョークの粉を指で塗ることに 抵抗のある子どもにはビニール 手袋を使わせる。 ・授業の終わりには，粉で汚れた 机を水拭きして，手を洗う。 ・粉をたくさん塗った子は粉が落 ちやすいのでコンテとめ液か整 髪スプレーをかけるとよい。

4章　押さえどころがわかれば安心！　発達段階を考えた授業のコツ　◆　85

1　低学年の指導

事例 3　モールアイランド（工作）

モールははさみで切ることができ，形を変えることも簡単です。発泡スチロールを使えばモールの固定が簡単にできるので，この二つを組み合わせて自分なりの島を作ってみましょう。

①題材目標

　発泡スチロール板やモールの形を工夫して自分なりの島を作る。

②対象・指導時間

　低学年　4時間

③主な材料・用具

　発泡スチロール板（22cm×22cm×1cm程度）

　紙粘土（1／2袋）　モール

　ビーズ　スパンコール　えのぐ

　クレヨン　はさみ　ボンド　など

④評価の観点

・島の様子をイメージしながら，材料の形を変えたりや色を工夫したりして自分なりの島を作ろうとしている。

⑤授業展開（4時間）

時間	児童の活動	指導のポイント
0.2	1　発泡スチロール板の周りを少しずつ手で割る。	・周りを削りながら島の形を作るつもりで割り取っていく。 ・発泡スチロール板が厚くなると重ねた時に島に高さが出るが厚くなるほど割れにくくなる。子どもの実態を考え，負担のない厚さを選びたい。
1	2　発泡スチロール板にクレヨンやパスで色をつけ，割り取った部分を貼り重ねる。	・強く塗ると発泡スチロール板が凹むので，クレヨンを寝かせて軽く塗るとよい。 ・発泡スチロール板同士の接着は専用ボンドが適しているが，積むように貼る場合は木工用ボンドでも問題ない。特別な要求に備えて専用ボンドを1本用意しておくとよい。
2	3　色粘土やモールを発泡スチロール板に飾りつけていく。	・発泡スチロール板と紙粘土の接着は木工用ボンドを使う。 ・モールを切る場合は悪くなってもかまわないはさみを使う。刺すだけで固定できるが，先端に木工用ボンドを塗ってから刺すとより丈夫にできる。
0.8	4　ビーズやスパンコールを使って小さな飾りをつける。	

4章　押さえどころがわかれば安心！　発達段階を考えた授業のコツ　◆　87

1 低学年の指導

事例 4 こすり出して鑑賞（鑑賞）

こすり出して表面の模様を見てみると，普段何気なく見ているものに新しい発見があるかもしれません。写し取った模様を集めて鑑賞してみましょう。

①題材目標

　ものの表面にある模様や形に興味をもち，凹凸をこすり出して写し取って鑑賞する。

②対象・指導時間

　低学年　2時間

③主な材料・用具

　上質紙　色鉛筆　など

④評価の観点

・ものの表面を模様や形に注目して見ることができる。

・友達のこすり出した模様を興味をもって鑑賞することができる。

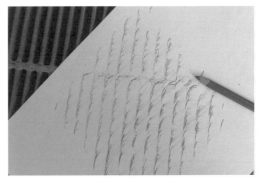

⑤授業展開（2時間）

時間	児童の活動	指導のポイント
0.2	1　こすり出しの仕方を知る。	・写したいものの上に紙を置き，色鉛筆を寝かせて何度も往復させてこすり出す。クレヨンやパスでも可能なので，そちらを使っても，併用させてもよい。
1	2　いろいろな凹凸をこすり出して紙に写す。 マンホール 側溝蓋 樹皮 玄関マット	・背が届かないところや身を乗り出さないとできないところなど，安全にこすり出しができない場合は行わないなどの安全指導をしておく。
0.5	3　それぞれが写した紙を持ち寄り鑑賞する。	・班で写し取った紙を見せ合う。模様からどこをこすり出したものなのかを考えるのもおもしろい。
0.3	4　特徴的な模様を全体で鑑賞する。	・何点かを書画カメラなどを使って全体で鑑賞する。同じ場所を違う色でこすり出したものを紹介すると，色による印象の違いを感じさせることができる。

4章　押さえどころがわかれば安心！　発達段階を考えた授業のコツ　◆　89

2 中学年の指導

コツ31 種類と内容の2面から経験を積ませる

中学年で扱うことになっている材料・用具はたくさんあります。成長してできることが多くなる時期ですので，いろいろなことを経験させていきましょう。

❶扱うことになっている材料・用具

中学年では，低学年で扱った材料・用具に加えて「木切れ・板材・釘・水彩えのぐ・小刀・使いやすいのこぎり・金づち」を扱うことが学習指導要領に示されています。高学年では，「針金・糸のこぎり」の二つが加わるだけなので，この中学年でほとんどの材料・用具を経験することになります。もちろん，前学年までに経験した材料・用具は，その後の学年で繰り返し取り上げますので，高学年が最も多くの材料・用具を扱うことになりますが，それにしても中学年の重要性がうかがい知れるでしょう。

❷様々な経験を積む

たくさんの材料・用具を扱うことから，中学年は様々な経験を積む時と考えていいかもしれません。手指の巧緻性が増し，できることが多くなってきます。

えのぐがよい例かもしれません。それまでの集団えのぐから，個人えのぐセットを使うようになります。これは，パレットの小部屋に適量のえのぐを出したり，大部屋で少しずつえのぐを混ぜたり，筆に含ませる水の量を調節したりできるようになるからです。

えのぐは筆で塗るだけでなく，スポンジやたんぽ，ダンボールなどを使っ

て押しつけるようにしても色をつけることができます。他にも色のしずくを落とすドリッピング、金網をブラシでこすって細かな粒にするスパッタリング、二つ折りにするデカルコマニー、ストローを使う吹き流しなど数多くの技法があります。

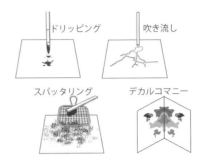

　のこぎりや木切れ、金づちといった材料・用具の種類が増えることで経験が増えるのはもちろんですが、水彩えのぐだけでも数多くの経験が可能です。種類と内容の2面から経験を積めるよう考えてみましょう。

❸友達との関係

　中学年では、友達との関係の中で、自分の発想が生まれたりイメージができあがったりすることが多くなってきます。そのため、グループで一緒に活動したり、子ども同士が会話しながら作ったりすることは大切です。教室では、1人か2人組かの机配置が多いと思いますが、図工の時間はグループになって学習するのはどうでしょう。何人かが向かい合うと友達の作品が自然に目に入ってきます。お互いの活動の様子を見ることで受ける影響は決して少なくないと思います。

　絵や立体、工作というと個人作品というイメージが強いと思いますが、時には共同で一つの作品に取り組むのもおもしろいでしょう。4人で四つ切り画用紙を4枚使うのも全紙を1枚使うのも大きさは同じですが、活動中の他者とのかかわりという点では全く違ってきます。意見の対立も含めて、自分と違った見方・考え方を知る絶好の機会になるでしょう。

2 中学年の指導

事例 1 新聞紙の棒で（造形遊び）

新聞紙を細く巻いて棒状にすると，背の高い形も作ることができる造形材料になります。しかも，活動中に起こる問題を解決しながらの活動になるので，学びの多い題材といえます。

①題材目標
　新聞紙の棒から作りたい形を考え，つなぎ方や組み方を工夫しながら立体的な形を作る。

②対象・指導時間
　　中学年　3時間

③主な材料・用具
　　新聞紙　セロハンテープ
　　丸棒（90cm×直径0.5cm）
　　直径1.5cmの穴のあいた厚紙
　　など

④評価の観点
・友達と話し合い，協力しながら活動することができている。
・新聞紙の棒のつなぎ方や組み方を工夫しながら，立体的な形を作ることができている。

⑤授業展開（３時間）

時間	児童の活動	指導のポイント
1	1　新聞紙を巻いて棒状にする。	・丸棒を芯にして，両手で転がすようにすると手早く巻ける。 ・太いと簡単に折れて活動に適さない。厚紙に直径1.5cm 程度の穴をあけたものを用意し，そこを通るか通らないかを目安にするとわかりやすい。 ・数が豊富だと発想が広がりやすいのでなるべくたくさん作っておくとよい。
1.7	2　どのような形にするか，どのような方法で作るかを話し合いながら立体的な形を作っていく。	・新聞紙の棒をセロハンテープでとめながら作っていく。重さで傾いたり折れたりするのを補強しながら活動することになる。教師が支援しすぎて問題解決の機会を奪わないよう留意する。
0.2	3　作ったものをお互い鑑賞する。	・作り方，組み方の違いを感じながら鑑賞する。
0.1	4　片づける。	・写真に記録してからなるべく嵩が小さくなるように片づける。

4章　押さえどころがわかれば安心！　発達段階を考えた授業のコツ　◆　93

2 中学年の指導

事例 2 流れる墨から生まれる形（絵）

画用紙の上に墨を落として紙を傾けると，墨がたれて線ができます。その線の中を色や模様を工夫しながら塗っていきます。偶然できた墨の形から発想を広げる題材です。

①題材目標
　墨のたれた線から発想を広げながら，色や模様を工夫して塗る。

②対象・指導時間
　中学年　6時間

③主な材料・用具
　四つ切り画用紙　墨汁　カップ
　えのぐセット　スポイト
　新聞紙　など

④評価の観点
・墨の動きを楽しみながら，画用紙に形を作ることができる。
・墨の線を見立てたり区切りを考えたりしながら，色や模様を工夫して塗ることができる。

⑤授業展開（6時間）

時間	児童の活動	指導のポイント
1	1　画用紙にスポイトで墨を2・3か所に分けて数滴落とし，画用紙を傾けて墨を動かし線を作る。	・傾けて墨がたれ始めたら，机に落ちないように画用紙の向きを変える。それでも落ちてしまうことがあるので机には新聞紙などを敷いておく。 ・墨の動きが止まったら墨をたす。線が増えすぎないように，できるだけ止まった先端にたすようにする。
0.2	2　線の形から，何かに見立てたり，区切りを考えたりする。	・動物や鳥，昆虫など何かに見立てることができればそうするが，できない場合は無理に見立てる必要はない。どの辺りに色をつけるか考えさせたい。
4	3　色や模様を工夫して塗る。	・塗るだけではなく点線や波線なども使って，形の中に色をつけていくとおもしろい。
0.8	4　できた色と形から周りのものを考えて描く。	・周りの景色や生き物など想像をふくらませて描く。見立てなかった場合は模様などでもよい。

4章　押さえどころがわかれば安心！　発達段階を考えた授業のコツ　◆　95

2　中学年の指導

事例 3　光の城（工作）

プラダン（プラスチックダンボール）に窓をあけたり，重ねたりすることで光の通り方が変わります。色セロハンを貼ってLEDライトを入れれば，素敵な光の城が完成します。

①題材目標

　プラダンを切ったり貼ったり重ねたりしながら，建物の形や飾り，光の通り方を工夫する。

②対象・指導時間

　中学年　8時間

③主な材料・用具

　白色プラダン（大：45cm×30cm×0.25cm，小：30cm×30cm×0.25cm）
　LEDライト　化学接着剤　セロハン
　カッターナイフ　カッターマット　はさみ　など

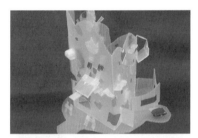

④評価の観点

・プラダンの形や折り方，貼り方を工夫して，自分なりの城を作ることができる。
・光の通り方を考えながら飾りをつけることができる。

⑤授業展開（8時間）

時間	児童の活動	指導のポイント
2	1　大きいプラダンの上部を切り，カッターナイフで窓をあける。	・題材を通して，切り外した部分から飾りや部品を作るようにして，無駄なく材料を利用させたい。例えば窓をあけて取れた部分は別のところに飾りとしてつけるとよい。
2	2　プラダンの両端を接着し筒状にして，階段などの飾りをつけていく。	・プラダンを何か所か折って両端をつけると自立する形ができる。プラダン小で作った台にこれを接着し飾りをつける。
2	3　LEDライトを入れて光の様子を見ながら，飾りやセロハンをつける。	・少し力を加えるとはがれてしまうが，セロハンは水のりで貼ると手早くできて簡単である。 ・LEDライトは電池の形状や寿命，光り方が製品によって違う。試用して確認したい。
1	4　暗い部屋でLEDライトの光る様子を確かめながら仕上げる。	・暗室が用意できるなら，そこに作品を持ち込み，確かめながら仕上げていきたい。
1	5　クラス全員の作品を暗い部屋に持ち込み鑑賞する。	・数が多くなると個別に見ていた時と違った印象になるので，ぜひ全体での鑑賞を行いたい。

2 中学年の指導

事例 4 アートカードクイズ（鑑賞）

アートカードを鑑賞する中で気づいたことをもとに，クイズを考えてみましょう。一人の気づきがゲームをする中で，班やクラスの気づきに広がります。

①題材目標
　アートカードを使ったゲームを通して多くの作品に親しみ，作品の特徴を伝え合う。

②対象・指導時間
　中学年　3時間

③主な材料・用具
　アートカード　問題札
　筆記用具　など

④評価の観点
・作品の特徴を見つけクイズの問題を作ることができる。
・友達が考えたクイズを楽しむことができる。

⑤授業展開（3時間）

時間	児童の活動	指導のポイント
1	1　配られたカードの特徴を見つけ，クイズの問題を考えて問題用カードに記入する。	・班のメンバーでカードを分け，各自で問題を考える。見つけにくい特徴から順に並べると問題を作りやすい。
1	2　出されたヒントから出題のもとになっているカードを見つけるゲームをする。 カードを見つけましょう ヒント1　左が上がっています ヒント2　つのが生えてます	・出題者のヒントを聞き，どのカードのことかわかったらカードを押さえる。全てのヒントが出された後，正解を聞き，合っていたらカードを取る。場にカードがなくなった時，一番たくさん集めていた人を勝ちとする。 ・上記のルールを基本に細かなルールは話し合って決めさせるとよい。
0.7	3　よくできていた問題を班ごとに出題し全体でゲームを行う。	・班で代表問題を数点決め，他の班に向けて出題し，全体でゲームを楽しむ。
0.2	4　活動の振り返りを行う。	・活動の中で気づいたことや知らせておきたいことなどを教師がまとめる。子どもでは気づきにくい作品の特徴を説明してもよい。
0.1	5　番号順に並べてカードを返却する。	

4章　押さえどころがわかれば安心！　発達段階を考えた授業のコツ　◆　99

3 高学年の指導

コツ32 子ども自身に知識・技能の活用を考えさせる

高学年の子どもは、知識・技能を蓄えて様々なことができるようになっています。この時期は、それらを使って、自分なりにしっかり考えられるような題材が適しているでしょう。

❶見通しをもって活動する

　高学年ともなると心身ともに成長して、思考力や判断力が育ち手指の巧緻性も高まって、かなり繊細で複雑なことができるようになります。計画的に物事を処理する能力もついてきますので、見通しをもった創作活動が可能になります。

　低学年では先のことを話すと今のことに集中できないこともありますが、高学年ではこの先どのようにするかで今の活動を考えるようになります。

　授業の進め方としては、あらかじめ全体的な見通しを明らかにして行うのがいいでしょう。

❷知識・技能を活用する

　高学年の子どもは、それまでの図工やその他の学習でたくさんの知識と技能を蓄えていますから、それらを活用する機会をもつようにしたいものです。その時、教師があれこれ指示をするのではなく、子どもに考えさせるようにするのがいいでしょう。

　絵の背景に色をつける場合、最初に画用紙全体に色をつけておくのか、色画用紙を使うのか、前景を描いた後に塗るのかを子どもに任せてみることができるでしょう。色をつける際にも、筆で塗るのか、ローラーを使うのか、

吹き流しや，スパッタリングなどのモダンテクニックを使うのかを自分で考えさせることができます。そうしたことで，思考力・判断力・表現力等の資質・能力を伸ばすことができます。

❸苦手意識が強くなる

いろいろなことができるようになる反面，図工に苦手意識をもつ子が次第に増えてくるのがこの時期の特徴です。そして，1章でも取り上げましたが，その理由で最も多いのが下手だからというものです。

ところが，この上手下手という判断は実態を反映していないことがあります。どういうことかというと，真面目な子が行う自己評価は厳しめになることから，コツコツと丁寧に取り組む子でも自分は下手だと考えるようです。教師から見ると下手どころかよくできる子であってもそう考えている場合があります。

高学年にもなると人と比べて自分はどうかと考えるのは自然なことですし，自分にはできない表現を見て自信をなくすことがあるのは仕方ないことかもしれません。

しかし，下手でも楽しめることはこの世の中にたくさんあります。大切なことは，下手だと思っていても意欲を失わせないことでしょう。下手だと思うことと図工嫌いになることをイコールで結ばせないようにする。そのために教師ができることはたくさんあるはずです。

3 高学年の指導

事例 1 点と線で表そう（絵）

どこにどんな形があればおもしろいか考えながら，点と線を使って画面を構成していきます。幅の一定な曲線は鉛筆を束ねると簡単に描けます。

①題材目標
　色のつながりや形のつながりを考えながら画面を点と線で構成していく。

②対象・指導時間
　高学年　5時間

③主な材料・用具
　四つ切り画用紙　えのぐセット
　インクスプレー
　あまり紙（型紙用）
　ウェーブシート　ヘラ
　綿棒　スポンジ　など

④評価の観点
・点や線の形や位置，つながりなどを工夫しながら描いている。
・色の変化のさせ方や塗り分け方などを工夫している。

⑤授業展開（5時間）

時間	児童の活動	指導のポイント
1	1　インクスプレーで，画用紙に色や模様をつける。	・3色ほどのインクスプレーで画用紙全体に色をつける。型紙を使うと模様ができる。 ・プッシュ式のスプレーボトルに水とカラーインクか食紅を入れるとインクスプレーができる。
1	2　画用紙に鉛筆で下描きをする。	・コンパスや定規などを描きたい形に応じて使用する。幅の一定な曲線を描く場合は，アイス棒のような細長い板を使うとよい。板を鉛筆の間に挟み，輪ゴムでとめて描く。棒の本数を増やすと描ける幅が広がる。
2	3　下描きの線の中を区切りながら塗ったり，筆で直接形を描いたりする。	・画面の構成を考えながら，形を描き加えたり，区切る形を工夫させたりする。
1	4　スポンジやヘラなど筆以外も使いながら仕上げていく。	・ヘラ，綿棒，ウェーブシートなどを使って，点や線に模様を加えていく。

4章　押さえどころがわかれば安心！　発達段階を考えた授業のコツ　◆　103

3 高学年の指導

事例 2 墨模様の立体造形（工作）

高学年で行う紙工作は，それまでの経験を活かして自分なりの考えで作っていくとよいでしょう。使う画用紙に墨で色をつけておくだけで，モノトーンの素敵な作品になります。

①題材目標

　紙の切り方や折り方，つけ方などを工夫して，立体的な形を作る。

②対象・指導時間

　高学年　4時間

③主な材料・用具

　四つ切り・八つ切り画用紙各1枚
　墨汁　えのぐセット　はさみ
　木工用ボンド　刷毛
　台紙の型紙（18cm×18cm程度）
　など

④評価の観点

・紙の切り方，折り方，つけ方などを工夫しながら立体的な形を作っている。
・自分なりの形を思いついたり，墨の模様を活かそうとしたりしている。

⑤授業展開（4時間）

時間	児童の活動	指導のポイント
0.8	1　画用紙に刷毛や筆と墨汁で模様を描く。	・墨が乾いた状態で立体制作に入りたいので，できれば描く時間と立体を作る時間を分けて確保したい。 ・パレットに墨汁を出し，筆や刷毛で描く。意図的に描こうとせず，筆の動きで模様ができる感覚で行うとよい。
0.2	2　どちらかの画用紙から台紙の部分を切り取る。	・台紙の大きさの厚紙を用意し，それをあてて大きさを測ると，模様の部分を意識しながら切り取ることができる。 ・型紙と大きさがあまり変わらなければ，台紙の形を変えてもよい。
3	3　残りの画用紙を使って，立体的な形を作っていく。	・紙の切り方や折り方，つけ方の工夫を意識させる。また，墨の模様を活かして形を考えることもできる。 ・接着は木工用ボンドで行う。材料が軽いので，木工用ボンドでの接着にそれほど問題は起こらない。外れるようなら化学接着剤を使ってもよい。

4章　押さえどころがわかれば安心！　発達段階を考えた授業のコツ　◆　105

3 高学年の指導

事例 3 感情の鑑賞（鑑賞）

感情という形のないものを描くことで，いろいろな表現が期待できます。言語活動を重視しながら，そうしてできた多様な作品を鑑賞してみましょう。

①題材目標
　形や色の特徴から，描かれている気持ちを想像しながら友達の作品を鑑賞する。

②対象・指導時間
　高学年　3時間

③主な材料・用具
　画用紙（12cm×12cm程度・1人数枚）
　えのぐセット　スポンジ
　刷毛　付箋　台紙　など

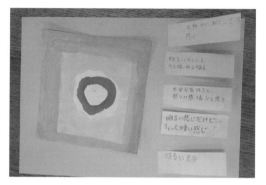

④評価の観点
・いろいろな表現方法を使って，感情の表し方を工夫している。
・友達の作品からよさやおもしろさを感じ取ろうとしている。

106

⑤授業展開（3時間）

時間	児童の活動	指導のポイント
0.2	1 感情を表す言葉を発表する。	・意味の似ている言葉をグループ化して整理しておく。
1.8	2 画用紙に感情を表す模様や色を描く。	・イメージに近づけるように描くだけではなく，試しながら描いたり，できた作品から気持ちを考えたりと，いろいろな方法を認めたい。
0.1	3 自分が描いた作品の中から一つを選び，その絵が表す感情を裏に書く。	・裏に答えとなる言葉を書いておくことで，それにたどりつこうと鑑賞する人が真剣に考える効果が期待できる。
0.2	4 友達の作品から思い浮かぶ感情を付箋に書き，作品の横に貼る。	・グループで活動する。付箋を使うことで，考えを視覚化する。
0.6	5 付箋の言葉をもとにグループで作品について話し合う。 これは〇〇な気持ちだと思います。 理由は色が〇〇で形が〇〇…	・順に付箋の言葉の理由を発表する。最後に作者自身からその絵についての説明を聞く。質問や意見があればその都度出す。 ・1枚の絵が終わったら次の絵に進みグループ全員の作品を鑑賞する。
0.1	6 グループでの話し合いを全体に発表する。	・みんなに知ってもらいたい作品を話し合いの内容を含めて全体の場で発表する。

4章 押さえどころがわかれば安心！ 発達段階を考えた授業のコツ ◆ 107

Column

残念な教材キット

　教材キットは商品として採算がとれるように，とても合理的に作られています。本来捨てる部分を部品として利用するという一見環境にも優しそうな教材キットで考えてみましょう。

　中央部分をあらかじめ先に切り取ってしまい，その紙で支えを作ります。この部分は，通常捨てられる位置なので，最初からなくても問題ないように思われます。メーカーにとっては，エコと採算性を両立させた素晴らしい商品設計というところなのでしょうか。

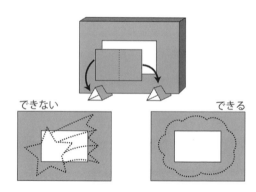

　この教材キットの問題点は，支えとして長方形が抜かれたことで，それを囲むようなデザインしかできなくなったことです。流れ星の形を思いつき，何度も描き直していた子が，結局雲のような形にせざるを得なかったとしたらどうでしょう。採算性という大人の事情が，子どもの発想をつぶしてしまったことになります。

　もし，支えの部分が別に用意されていれば，どんな形でも可能です。そのためにかかる費用はわずかなはずです。たとえある程度価格が高くなっても，子どもの表したいものが表せるような教材キットの開発をメーカーにお願いしたいものです。

5章

指導が得意な教科に変える！
レベルアップのコツ

1 題材設定のコツ

コツ33 材料の違いで難易度を考える

一度経験しているから大丈夫だろうと思っていても，材料の質が変わると難易度も変わってしまいます。特に硬さや厚みは大きな影響がありますので，注意しましょう。

❶同じ紙でも硬いと大変

同じような材料・用具を使う題材でも難易度が違う場合があります。例えば，紙とカッターナイフを使う題材でも，小さな窓をあけて筒のような形にするものと，大きく真ん中をあけて額縁のような形を作るものとでは，紙の厚みを変えざるを得ません。というのも，切り取る部分が多いものは，強度を増すために紙を厚く硬くする必要があるからです。紙をカッターナイフで切るのは経験ずみでも，厚くて硬い紙になると子ども達は切るのに苦労することになります。

❷実際に試して判断する

このように同じ材料・用具であっても，質が変わるとずいぶん難易度が変わります。一度経験しているから大丈夫だろうと思っていると，思わぬところでつまずくかもしれません。他にも木の種類や厚み，粘土の硬さや重さ，えのぐのねばり気や被覆力など，活動の効率や難易度に関係するものがたくさんあります。

はじめて使う材料は，できるだけ見本を取り寄せて，試してみましょう。もしそれで問題点が見つかったら，材料を変えるか，授業計画を変えるかして無理なく扱えるように考えましょう。

1 題材設定のコツ

コツ34 教材キットにたりないものを補う

教材キットは材料準備の手間を省いてくれる便利なものですが，メリットばかりではありません。デメリットを理解した上で，うまく利用しましょう。

❶教材キットのデメリット

　教材キットのデメリットの一つ目は，学習機会の喪失です。短時間で簡単にできることを重視したものが多いので，はめ込むだけで組み立てられるとかミシン目が入っていて手で切れるとかがセールスポイントになっています。しかし逆の見方をすると，接着の機会やはさみで切る機会を奪っているともいえます。

　二つ目は，自由度の少なさです。もとになる形が同じだったり完成時の大きさが決まっていたりしますので，感性を働かせる余地が限られています。

　三つ目は，材料の少なさです。作品ができる最小限の量がパッケージングされているので，試してみたり失敗したりすると作品の完成が難しくなります。

❷デメリットの対処方法

　教材キットに問題点があることに気づいたら，そのまま使用せずに対策を考えたいものです。デメリットのうち，学習機会の喪失と自由度の少なさは，同様の教材キットの中でも問題の少なそうなものを選ぶか，別の題材の時にたりなかった部分を補うようにしましょう。材料が少ない場合は，不足しそうな材料を購入しておき，教材キットに追加する方法で解決できます。

1 題材設定のコツ

コツ35 画一的な部分が必要か検討する

大勢の子ども達を相手に指導するためには、制作手順を統一したり、形を決めたりすることが多いでしょう。しかし、それが本当に必要かを検討することで、別の可能性が広がるかもしれません。

❶不自然な一致

　お話の絵を描こうとした時、全員が同じ場面を選ぶことがあるでしょうか。物語のクライマックスを描きたい子は多いかもしれませんが、全員が同じ場面ということはないでしょう。物語の始まりの印象的な風景を描きたいと思う子もいれば、個性的な脇役を描きたいと思う子もいるはずです。

　もし、クラス全員が同じ場面を描いていたとしたら、そこでは子どもの思いではなく教師の思いが優先されています。

❷画一的な部分を意識する

　この例ほど極端でなくても、全員が同じような形の工作を作ったり、似た構図で絵を描いたりしていることがあります。これは、そういうものを作らせたり描かせたりすることが、授業の流れから必要なことであったり、材料の規格からそれ以外の方法がとれなかったり、できない子のための手立てであったりするので、必要な場合も多いと思います。

　ただ、画一的な部分については、子どもは感性を働かせることができません。そこで、少しでもそういった部分を減らすことができないかを考えてみましょう。

　描く前に画用紙全体に色をつけようとしている、画用紙を縦で統一しよう

としている，真ん中に大きく描かせようとしている，など今まで当たり前に考えていたことが，実は教師がそうさせてきたことであると気づきます。もちろん，これら全てを子どもの自由にさせることはできないでしょう。しかし，授業の中の画一的な部分を意識すると，それを排除した時のメリットとデメリットに考えが及ぶようになります。

❸教師がイメージを広げる

　同じような材料からは同じような形しか生まれないと，教師が思い込んで授業を進めることで，子どもの考えを狭めてしまうことがあります。そうならないために，教師はその材料でできるいろいろな完成イメージをもてるように心がけていると有利です。

　板を4枚組み合わせて作るランプシェードを例に挙げてみましょう。

　電動糸のこで切り抜く形を工夫させるのがめあてです。確かに窓の形を考えることで，子どもは感性を働かせることができます。

　しかし，これで安心してしまわないで，他にも工夫させることができないか，画一的な部分がないかを考えると，ランプシェードの形が同じ直方体であることが気になるのではないでしょうか。

　ランプシェードの形がいろいろあっても，窓の形を工夫させることができます。つまり直方体は，この作品を成立させるための必要な条件ではなかったことがわかります。この題材の場合は，ランプシェードの形も工夫させることで，より子どもは感性を働かせることができるでしょう。

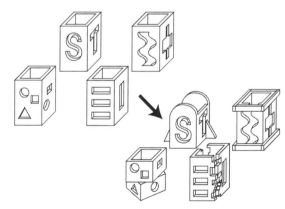

2 学習指導のコツ

コツ36 準備に力を注ぐ

授業の成否は準備にかかっているといっても過言ではありません。図工の準備には多くの時間が必要ですが，しっかり行っておくことで自信をもって授業に臨めます。

❶材料準備と用具準備

　教材キットを使うのでなければ，素材を選び大きさを決めて業者に発注しなければなりません。主となる材料の他にもテープやボンド，マーカーやニスといったものも必要数を考えながら購入することになります。材料が届いたらそれを加工したり，数を確認したり，配布しやすいように班ごとにまとめたりしないといけないかもしれません。

　用具についても授業で支障なく使えるか確認しましょう。共同マーカーの色が出ないと意欲がそがれますし，カッターナイフの刃が悪くなっていると危険です。また用具の数が不足すると待ち時間の増加につながり，活動の質が低下します。必要数にプラスしていくつかの予備を準備しておきましょう。

❷授業準備

　準備は材料・用具だけではありません。授業の導入方法を考えたり流れを検討したりしなければなりません。また，提示資料をそろえることもあるかもしれません。子どもを思い浮かべながら，教師の出ていくタイミングや支援の方法などを考えておきましょう。活動が始まると想定外のことも起こります。それに対応するためにも，想定できるものは事前に準備しておきましょう。

2　学習指導のコツ

コツ37　大きく描くという呪縛から抜け出す

絵を指導する時，中心となるものを大きく描くように指導されることが多いと思います。しかし，大きく描かなければ本当にダメなのでしょうか。教師がとらわれすぎているのかもしれません。

❶大きく描く意味

　本人だけにわかればよいなら別ですが，人に見てもらうためには何を描いたかが伝わる必要があります。描きたいものが画用紙の中で目立つと伝わりやすいので，大きく描くことはとても意味があります。そのことから大きく描くように指導することが多いと思います。

　また，大きく描くことは，塗りやすくなって彩色にもメリットがあります。

❷みんなが大きく描きたい訳ではない

　しかし，本当に大きく描くことがそれほど重要なのでしょうか。子どもは，大きい昆虫は怖いと感じたり，小さくないと小鳥らしくないと思ったりしているかもしれません。孤独や寂しさを表現するために，あえて小さく描きたい子はいないでしょうか。

　大切なのは大きく描くことよりも描きたいことが見る人に伝わることのはずです。小さく描きたかったものを大きく描いたとしても，それは描きたかったことが伝わったことになりません。もし小さくて塗りにくければ，その部分だけ色鉛筆やマーカーを使う方法もあるのですから，大きさに寛容になってもいいのではないでしょうか。

2 学習指導のコツ

コツ38 失敗を成功に変える

失敗を活かすことで表現が輝きを増すことがあります。失敗したらやり直すという選択肢だけでなく、失敗をもとに表現を考えてみるという選択肢も提示してみましょう。

❶失敗してもやり直さない

　頭の中のイメージと実際の形が違った時、子どもは失敗したと表現します。その子のイメージを知らない他人から見ると、どこを失敗したのかわからないこともよくあります。

　もし本当に子どもが失敗していたとしても、はじめからやり直すのは避けたいものです。これはそれまでの時間が無駄になるというだけではなく、失敗を活かす経験ができなくなるからです。

❷失敗をごまかす

　失敗を活かすためには、言葉は悪いですがごまかす方法を子どもに工夫させることです。

　失敗のあとを別の表現にまぎれさせて隠す方法もあれば、失敗のあとを表現の一部として利用する方法もあります。

　失敗をごまかすということは、失敗の形や色から新たな表現を思いつくということです。失敗は表現のチャンスかもしれません。

　そうはいっても失敗の仕方によっては、うまくいかないこともあります。その時は新しい材料を渡してあげましょう。

2 学習指導のコツ

コツ39 待つ

コツ39は2文字です。シンプルですが，なかなか実践しにくいかもしれません。教師がしびれをきらしていろいろといってしまいがちだからです。

❶何もしていない子

活動にとりかかっても何もしていない子がいることがあります。他の子がどんどん進んでいてもまだ何も手をつけていない。こんな時，教師は「早くしないと時間がたりなくなるよ」とか「ぼんやりしてないでとにかく手を動かそう」とかいってしまいがちです。

しかし，ぼんやりしていると思っていた子の頭の中は，すごい勢いで回転しているかもしれません。子どもがどのように思考しているのかわからないのに，急がせるのは性急すぎるかもしれません。

❷急がせるのではなく話を聞こう

材料を前に考え込んでいる子に対しては，その子が十分思考できるように，待ってあげましょう。思いつくままに活動する子もいれば，十分考えてからでないと始められない子もいます。

もし本当に時間がたりなくなりそうなら，急がせるのではなく話を聞いてみましょう。その子がとりかからない理由がわかるかもしれません。急かすのは，本当にぼんやりしている時だけでいいでしょう。

2　学習指導のコツ

コツ40　線を消さない

鉛筆で描いて間違えたら消しゴムで消します。ところが、せっかく消したはずなのに、ほぼ同じ位置に同じ形を描いてしまうことがあります。どうしてこんなことが起こるのでしょうか。

❶同じことを繰り返す

　手の動きやイメージのもち方など、原因は何にせよ、間違えた線はその子が特に意識せずに描いてしまう線です。意識しないとそうなってしまうということは、そうならないためには強く意識する必要があるということです。
　ところが消しゴムで消してしまうと、意識する線がないので、結局同じような線を描いてしまいがちです。

❷間違えた線を目印に使う

　うまく描けなかったからといって、消しゴムで全て消してしまわない方がいいでしょう。間違えた線を目印として使い、同じ轍を踏まないようにするのがうまく描くコツです。
　例えば、円を描く時小さくなりすぎたとしても、これを消さなければ、外側にそれより大きな円を描くことができます。正しい線が描けてから、不要な線を消せばいいでしょう。

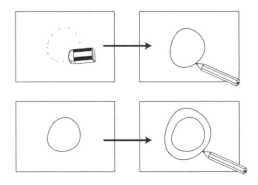

2 学習指導のコツ

コツ41 アクリル系えのぐで輪郭線を描く

輪郭線を描いてえのぐで彩色する場合，黒の油性マーカーを利用されることが多いと思います。そしてこのマーカーには名前ペンを使われるのではないでしょうか。

❶名前ペンの線

名前ペンは太字側を使っても，それほど太い線は描けません。その線を筆ではみ出さないように塗るのはなかなか大変です。また，線の細さが絵に弱い感じを与えるかもしれません。四つ切り画用紙に描くのなら，輪郭線はもう少し太い方がおもしろいでしょう。

❷えのぐと筆で輪郭線を描く

マーカーではなくえのぐと筆を使って輪郭線を描いてみましょう。こうすると場所によって線の太さを変えることができ，表現が豊かになります。ただ問題なのは，水彩えのぐの黒で描くと，彩色時に黒が溶けて色をにごらせてしまうことです。

そこでアクリル系えのぐを使ってみましょう。これは乾くと耐水性になりますから，溶け出して色をにごらせることがありません。扱いも通常のえのぐとほぼ同じようにできますし，400～600ml程度のチューブボトルやポリ瓶容器のものが手ごろな価格で販売されています。服につくと落ちにくいので，当日の服装には留意する必要がありますが，輪郭線を描く時にはとても便利なものです。

2 学習指導のコツ

コツ42 洗い流す

にじんだりにごったりした時，色が薄ければ塗り重ねることで修正することができます。ところが，えのぐを厚塗りしていると，修正が大変難しくなります。

❶厚塗りする子の絵

　厚塗りする子は，パレットに大量のえのぐを出して，水加減を調節することなく，チューブから出したそのままの状態で紙に運びます。水の量が少ないので擦れやすく，それを防ぐためにえのぐの量を増やすという悪循環になっていることも多いと思います。

　こういった子の絵は，うまく塗り分けることができれば，色のはっきりした印象の強いポスターのような絵になります。これはこれで，その子なりのおもしろい表現方法でしょう。

❷厚塗りの修正方法

　厚塗りの問題点は，色の境目がわからなくなったり，色が混ざって汚くなったりした時に，修正が難しいということです。

　そこで，画用紙につきすぎたえのぐを，水道で洗い流すというのはどうでしょう。一部だけを洗い流すのは少々難しいですが，全体を洗うと下絵にうっすらと色のついた状態にすることができます。制作の後半ではやりにくいでしょうが，初期だと比較的気軽に行える方法です。ただ画用紙の質によっては適さない場合がありますので，一度別の紙で試してから，子どもの作品に対して行って下さい。

2 学習指導のコツ

コツ43 蓋を開けっぱなしにする

木工用ボンドでつけにくいものを接着したい時や手早く接着したい時，化学接着剤はとても便利です。しかし，子どもが使うと，蓋や口が固まってしまって最後まで使いきれないことがあります。

❶化学接着剤の使い方

　接着成分を揮発性の有機溶剤で溶かした化学接着剤を使われることもあるかと思います。木工用ボンドのように水を使ったものに比べ，乾燥が早いのが特徴です。誤解されている方もいらっしゃるようですが，化学接着剤は木工用ボンドより強力という訳ではありません。木と木の接着では木工用ボンドが非常に優れた接着力を発揮します。つまり，使用する材料に応じた接着剤を選ぶことが大切です。

　化学接着剤は少し乾燥してから接着するものが多いようです。溶剤をある程度揮発させて使うことで，すぐに強い接着力を発揮させることができます。

❷最後まで使うために

　化学接着剤の欠点は，蓋が開かなくなったり，口が固まったりして，最後まで使いきれなくなることです。容器の口に接着剤が残っていたら，拭き取ってから閉めないといけません。ティッシュペーパーと化学接着剤はセットで考えましょう。班などで使っていると頻繁に蓋の開け閉めが行われ，蓋に接着剤がつきやすくなります。数分で口が固まるものでもないので，少しの間なら蓋を開けたままにしておくのがよいでしょう。

2 学習指導のコツ

コツ44 木工用ボンドに グルーガンを併用する

木工用ボンドは硬化に時間がかかるので,接着面が動かないように仮止めが必要です。この仮止めにグルーガンを使うことで,迅速な接着が可能になります。

❶接着面を動かさない

　木工用ボンドは,速乾を選んでも固まるまでにかなりの時間が必要です。そして,硬化前に接着面を動かしてしまうと,接着力が弱くなったり接着できなくなったりします。手を離しても動かない場合以外は,何かで固定する必要があります。

　木材の固定なら万力やクランプで行うことも可能ですが,子ども達全員分の確保は難しいでしょう。そこで,グルーガンを仮止めに使うことを考えてみましょう。

❷いいとこどりをする

　グルーガンは,固形樹脂のスティックを熱で溶かし,溶けた樹脂が常温で固まることで接着できます。木やダンボール,プラスチックや金属などいろいろなものを数秒押さえるだけで接着できて便利ですが,接着力はあまり強くなく,手で引っ張るだけで外れます。

　木工用ボンドは硬化するまでに長い時間がかかるかわりに接着力が強く,対してグルーガンは数秒で硬化するかわりに接着力は弱いという相反する性質があります。そこで両者を併用してそのいいとこどりをしてはいかがでしょうか。ただし,この方法が有効なのは,木工用ボンドが強力な接着力を発

揮できる木やダンボールの接着時です。

❸木工用ボンドの間にグルーガン

　点を打つように隙間をあけて木工用ボンドをつけます。次に点と点の間にグルーガンを手早くつけます。二つの接着剤をつけ終わったら、接着するものに強く押しつけて数秒保持します。塗っている間にグルーガンが硬化しないように短時間で行いましょう。こうすることで瞬間的にはグルーガンの力で、長期的には木工用ボンドの力で接着できます。

　大変便利なグルーガンですが、先端が高温になりますので、やけどしないように安全指導を徹底する必要があります。

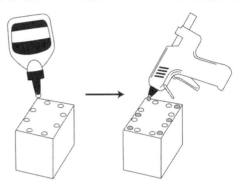

❹セロハンテープと輪ゴム

　素材によっては、つかなかったりはがす時にやぶれたりするので使えないこともありますが、セロハンテープを仮止めに使うこともできます。また、輪ゴムで仮止めしてもいいでしょう。

　輪ゴムの便利なところは、接着できたらセロハンテープのようにはがさなくていいところです。はさみを使って輪ゴムを切ってしまいましょう。

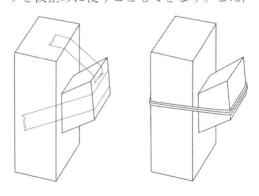

2 学習指導のコツ

コツ45 スポンジで塗る

板に色を塗る時は，アクリル系えのぐを使うと発色がきれいです。この時，筆を使うと塗りムラが目立ちますが，スポンジを使うときれいに塗れます。

❶塗ったところを削り取る

筆で板に色を塗るのが難しいのは，せっかく塗った部分を筆が削り取ってしまうからです。そこで，板にアクリル系えのぐで着色する時は，スポンジを使いましょう。手は少し汚れますが，スポンジに直接えのぐをつけて，板の上で塗り広げます。やわらかく平らな素材なので，えのぐを削り取ることなくきれいに塗れます。

❷画用紙にも使える

スポンジは，アクリル系えのぐと板という組み合わせ以外に，画用紙に色を塗る時にも使えます。紙はこする力に弱いので，トントンとたたくようにして使うといいでしょう。ついた色の上から別の色をたたいて紙の上で混色することもできます。

スポンジを使う時，水加減はスポンジに含ませる水の量で調節しましょう。一旦水を含ませて絞り，スポンジが湿った状態が使いやすいと思います。

2 学習指導のコツ

コツ46 壊す時のエネルギーを甘く見ない

造形遊びでは最後に作ったものを壊して片づけることが多いでしょう。この時，気分が高揚しすぎて，危険な状態になることがあるので注意が必要です。

❶破壊のエネルギー

作っている時の創作のエネルギーは，穏やかでゆったりとしたものですが，壊す時の破壊のエネルギーは，衝動的で暴力的です。壊す時，蹴ったり振り回したり体あたりしたりするような子も出てきます。せっかく作ったものを壊すことに難色を示していた子も，壊し始めるとおもしろがって羽目を外すことがあります。作るのは楽しいけれど，壊すのもおもしろいといったところでしょうか。

❷事前指導の重要性

破壊行為がおもしろいのもわかりますが，動きが急で予想がつかないことから，自分自身や周りの子に怪我を負わせてしまう可能性があります。
「さぁ，作ったものを壊して片づけましょう」と何も指導せずに取りかからせると，収拾がつかなくなります。そうなってからでは指導が入りにくいので，事前指導が重要です。
壊すことに夢中になりすぎず，周りの人やものに気を配ること，壊したものはそれで遊んだりせず，すぐにゴミ袋などに入れることなど，安全上必要な指導を行ってから壊し始めるようにしましょう。

3 材料・用具管理のコツ

コツ47 廃物を利用する

何気なく捨てているデザートの容器。いつの間にかたまってしまう食品トレイ。これらの廃物を工作だけでなく，用具として活用すると時間の節約につながります。

❶用具として使う

作品づくりにペットボトルやプリンカップなどの廃物を利用されることが多いと思います。この廃物を容器や用具として利用してみるのはどうでしょう。

プリンやゼリーのカップは，チョークや色砂といった特別な用具を，セットにしたり色分けしたりするのに役立ちます。洗うのが面倒な墨やアクリル系えのぐなどを入れて使うのもいいでしょう。

食品トレイは，パレットとして使うことができます。水彩えのぐにボンドを混ぜて使ったり，アクリル系えのぐを使ったりする時のように個人持ちのパレットが傷んでしまいそうな時におすすめです。

❷水や時間の節約になる

まだ貼りつけていない部品や，切りかけの板など制作途中の材料の保管にはレジ袋が役に立ちます。名前を書いたレジ袋を班ごとに回収しておくと，次時での配布も楽でトラブルも防げます。

廃物利用のよさは，気がねなく捨てられることです。洗う水や洗う時間の節約になりますので，うまく利用しましょう。

3 材料・用具管理のコツ

コツ48 端材をとっておく

材料は教材キットのようにきれいに大きさや形がそろえられたものでなくてもかまいません。むしろ，ふぞろいな形から発想が生まれることも多いのではないでしょうか。

❶分別して片づける

授業終了時，使い残した色紙やベニヤ板の切れ端などがたくさん出ます。これらは捨ててしまうとゴミになりますが，使えるものをとっておくと材料になります。片づけの時，使えそうなものとゴミとに分けるように習慣づけましょう。

❷端材の形をおもしろくする

紙や板などの平面的な材料を使う時，子どもは真ん中を使いがちです。そこで，端からなるべく無駄が出ないように切ることを指導しましょう。このようにして使うと材料が無駄なく使えるだけでなく，真ん中だけにぽっかり穴のあいた形ばかりになるのを防げます。

使い残したものはため込んでばかりいるとゴミ屋敷のようになってしまいます。とっておいたものも使う予定がないなら早めに処分しましょう。

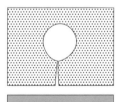
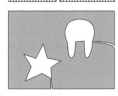

3 材料・用具管理のコツ

コツ49 色をきらさない管理方法を工夫する

色画用紙，マーカー，集団えのぐなど，複数の色を管理する必要のある材料や用具がたくさんあります。なくなった色がひとめでわかるようにしておくことが，色をきらさないためのコツです。

❶色で管理する

　使いたい色がなかったり，きれいな色が出なかったりすると創作意欲が失われてしまいます。色がきちんとそろえられているのが理想ですが，使用するたびに確認するのも大変です。

　マーカーなどの場合，数が多いのであれば，ケースに入れてセットで管理するより，バラバラにして色で管理するのが楽です。赤の箱，橙の箱というように色でマーカーをまとめておくと，書けなくなって捨ててしまった色の箱は本数が減るので一目瞭然です。

❷並び順で管理する

　セットで管理したい場合は，色の並び順を統一しておくのがいいでしょう。特に色数が多いものは何色がなくなっているのかわからなくなります。ケースと色に番号を振っておいて，1番の色は1番の場所に入れるというようにしておくのもいいでしょう。

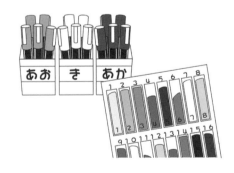

3 材料・用具管理のコツ

コツ50 用具は終わった時にそろえる

用具の数が不足していたり状態が悪かったりしたことも，その題材が終わってしばらくすると忘れてしまいます。その用具を使う時，慌てないようにすぐに補充をしましょう。

❶汚れは早めに落とす

　題材に必要な用具を準備しようとしたら，汚れたまま片づけられていて，それをきれいにするところから始めたという経験はありませんか。準備の時にきれいにするのも，終わった時にきれいにするのも同じだと思われるかもしれませんが，汚れは時間が経つほど落ちにくくなります。ですので，マナーの観点だけでなく効率の点からも，終わった時になるべく早く汚れを落とすのが正解です。

❷直後の記憶が最も鮮明

　汚れ落としだけでなく，用具の補充や廃棄，修理や調整は，状態が一番よくわかっている使用後すぐに行いましょう。この時はたりない個数もそれぞれの状態も一番わかっています。後回しにすると記憶が薄れ，もう一度確認から始めなければならなくなります。使用後すぐに次のために用具をそろえるのが，最も時間の節約になります。

　また，準備の段階で不足に気づいたのでは，購入する時間的余裕がないことがあります。日々忙しい中で，余裕をもって準備することは難しいと思いますので，なおさら使い終わった時に，それぞれが責任をもって管理していくことが大事になってくると思います。

Column

指導上有利に働く要素

　図工室にはたくさんのクラスがやってきます。そして，専科教員をしていると，クラスの子ども達を通して担任教師の学級経営が垣間見えます。4月当初，学年内はどのクラスも似た雰囲気ですが，しばらくすると違いが感じられるようになります。優しい心づかいが見られるクラス，元気いっぱいなクラス，団結力の強いクラスなどそれぞれの担任の持ち味を反映した結果でしょう。

　ところで，教師の力量などとは別に，見た目や性別，体型など指導上有利に働く要素のようなものがあると感じています。背が高いと威圧感を与えますし，姿勢のよさは力強さを感じさせます。そして，若さもその一つです。

　若い先生に対して，同僚や保護者の方は経験の少なさが目につくかもしれませんが，子どもからすると年が近いので親近感を抱きます。人は好意をもつ人のいうことはよく聞きます。つまり，若い先生は，若いということが指導上有利に働いているのです。

　この指導上有利に働く要素には様々なものがあって，人によって多い人もいれば，少ない人もいます。ただ，少なくても指導力や学級経営力があれば問題ありません。問題なのは，要素があることを指導力があることのように勘違いすることです。そして，その要素の中には若さのように失われていくものもあります。

　その時になって困らないように，謙虚に自分を見つめ，努力を積み重ね，指導力を向上させていくことが，大事なのだと思います。

6章

コツがひとめでわかる
資料集

図工の用具 はさみ・のり・ボンド

● しくみを知って使おう

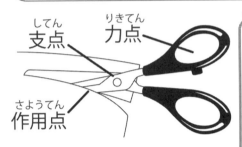

ココがポイント
はさみの奥で切ると楽に切れるよ！
刃先を閉じないでチョキ、チョキ切ろう！

● 紙を動かして切ろう

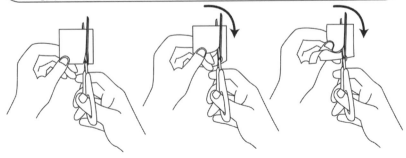

安全に気を付けよう

刃先を人に向けない

のりとボンドを上手に使おう

ぬれタオル

貼る時に使う
人差し指ではなく
中指でぬろう

ココがポイント
容器の先を紙に付けてボンドを薄く出そう！

図工の用具 えのぐ

● 使いやすい場所に置こう

❶筆を洗う
❷雑巾で水気を調節
❸えのぐを取る
❹ぬる

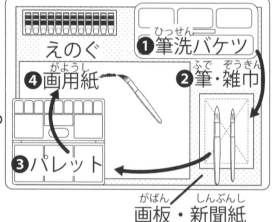

右利き用（左利きは左右逆に）
❶筆洗バケツ
❷筆・雑巾
❸パレット
❹画用紙
えのぐ
画板・新聞紙

机が狭い場合は筆洗バケツを足元に

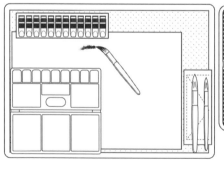

①洗い
②すすぎ
③すすぎ
④つけ水

● 少しずつ混ぜよう

元の色がわかる
混ぜ方をする

ココがポイント
広い部屋に出すえのぐの色数を増やそう！組み合わせが増えてたくさんの色が作れるよ！

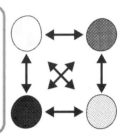

● エコ洗いをしよう

水道の順番を待つ間に
筆洗バケツの中で
パレットを洗う

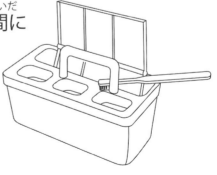

図工の用具 カッターナイフ

● ひじを引いて切ろう

指や手首を動かさないでひじを引く

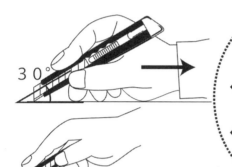

指を動かすと切れない

力が弱い場合や硬い物を切る時は上からつかむと良い

ココがポイント
ひじを真っ直ぐ引けるように紙を傾けたり回したりしよう！

安全に気を付けよう

紙を押さえる
手の位置に気を付けよう

刃先側を人に
向けないようにしよう

悪くなった刃を折ってみよう

❶ 刃を溝に差す
❷ 裏返す
❸ 下向きに力を
　加える

ペンチを使うと簡単

図工の用具 彫刻刀

● 彫刻刀は角度を浅くして使う

印刀は立てて
刃の背を押す

印刀以外は指を伸ばして
寝かせ気味にして使う

ココがポイント

板の上を刃先が滑るほど
寝かせて動かすと感覚が
つかみやすいよ！

角度が深いと進まなくなる

○　　　　　　　　×

彫りあと

彫刻刀の種類と彫りあとを知ろう

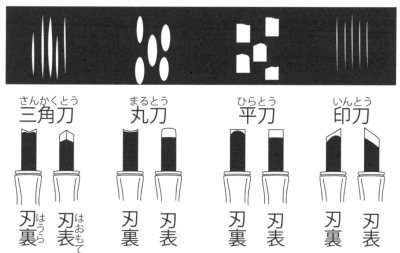

安全に気を付けよう

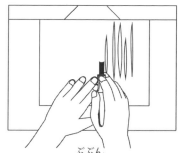

刃先側を人に向けないようにする

グリップ部分に反対の手を添える

作業板または滑り止めシートを使う

電動糸のこ

図工の用具

● 各部(かくぶ)の名称(めいしょう)を知(し)ろう

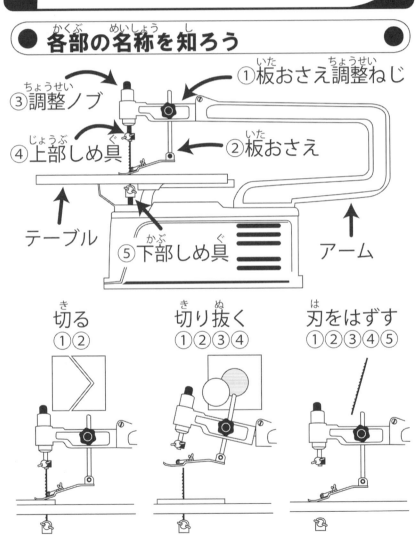

刃に対して真っ直ぐ前に押そう

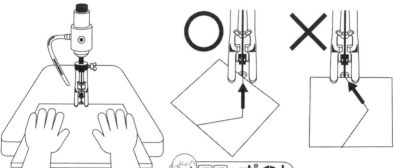

正面に立って
両手で板を
押さえる

ココがポイント

切る線が刃に対して
真っ直ぐ前に来るように
板の角度を変えたり
回したりしよう！

安全に気を付けよう

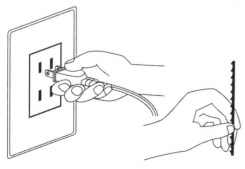

刃を触る場合は
電源プラグをぬく

図工の用具 金づち・釘ぬき

● 始めは軽く打とう

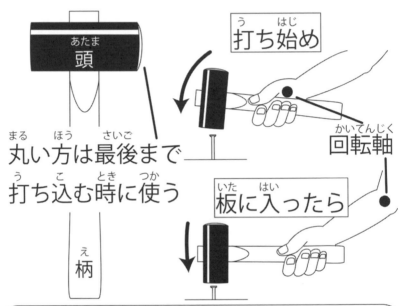

● 釘を支えるのが苦手な人は

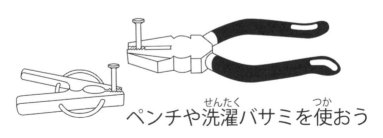

● 釘が傾く原因を知ろう

ココがポイント
打った時 柄が水平になるようにしよう

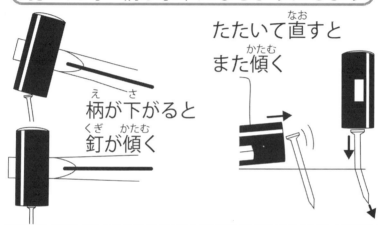

● テコの原理で釘をぬこう

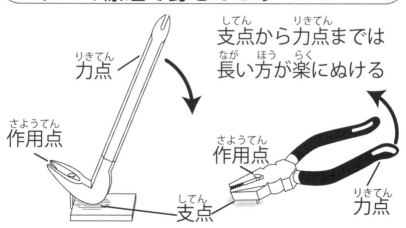

のこぎり

図工の用具

● 両刃のこぎりは木目を考えて使う ●

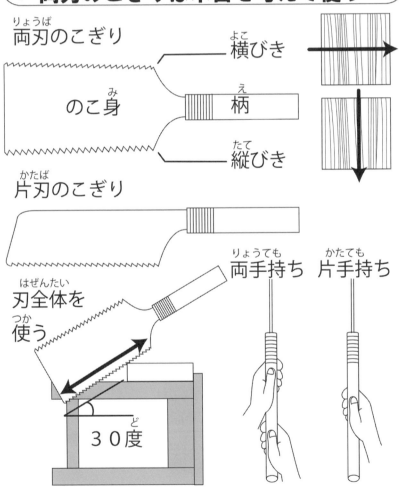

木をしっかり固定する

止め木に当てて
手や足で押さえる

万力などで固定する

止め木

万力

ココがポイント

のこ刃が左右にブレないように気を付けて
同じラインの上を力を抜いて往復させよう!

ひき終わりは
重みで木が落ちて
割れないように
支えておく

6章 コツがひとめでわかる資料集 ◆ 145

図工の用具 ペンチ

●細かい作業にはラジオペンチを使う●

ペンチ
溝（みぞ）　刃（は）　柄（え）

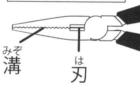

ラジオペンチ
溝（みぞ）　刃（は）　柄（え）

ココがポイント
針金（はりがね）を奥（おく）に差（さ）し込（こ）んで切（き）ろう！

針金（はりがね）の先端（せんたん）は丸（まる）めるかテープで巻（ま）く

ラジオペンチの先（さき）を使（つか）うと簡単（かんたん）に丸（まる）めることができる

図工の用具 きり

● 穴の大きさできりの種類を決める

4つ目きり　3つ目きり

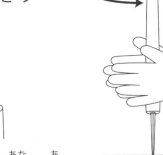

3つ目きりは大きめの穴が開く
手をこすり合わせるようにして使う

● 安全に気を付けよう

ココがポイント
持ち運びの時が
とても危険！
先を軽く隠すよう
にして持とう！

机の上に置きっぱ
なしにしない

資料集の使い方

用具を安全に使ったり，創造的に使ったりするためには，基本をしっかり身につけることが大切です。そこで用具を扱う上での基本やポイントをまとめた資料を用意しましたのでご活用ください。

❶教室の掲示物として

　用具の事前指導をしていても，気をつけることや覚えることがたくさんあると，実際に使う時に不安になったり，混乱したりする子が出てきます。

　そんな時に基本がわかる掲示物があると，確認しながら用具を使えるので安心して活動できます。また，掲示物でわかることについては質問が減るので，教師は他のことに力を注げるでしょう。

　必要なページを大きく拡大して，用具を扱う時に見やすい位置に掲示して下さい。その題材終了後はいつまでも貼りっぱなしにしない方が掲示効果の点ではよいでしょう。

❷個人のプリントとして活用する

　ページをそのままか，もしくは少し拡大して，個人に配布するプリントとしてもお使いいただけます。用具を扱う上で必ず押さえておきたいことを厳選してまとめていますから，プリントにそって説明することで必要な事柄を端的に指導いただけると思います。

　掲示物としても使えるように考えたため，名前を記入する欄を特に設けていませんが，タイトルの用具名の下か欄外に記名して下さい。

おわりに

　授業が終わって子ども達が出て行った後の図工室。まだ，そこかしこに熱気が残っているような気がします。提出された作品を見返すと「悩んでいたけど，こんな風に解決したのかぁ」「あの子にしたらずいぶん思いきったなぁ」と授業での悪戦苦闘ぶりがよみがえってきて思わず頬がゆるみます。

　他教科ではそれほどないと思いますが，図工ではたびたび，子どもが教師の予想を超えてきます。通常ならば，子どもの考えを予想できないのは自分の未熟さだと考えて反省すべきなのでしょうが，こと子どもの発想に関しては別です。単純に感心したり，おもしろがったりできます。こんな時，図工は教師も楽しめる教科であることを再認識できます。

　この楽しさを「絵心がない」と消極的になっている先生にもぜひ味わっていただきたいと思っています。そのための一助となるようにと願いながらこの本を書かせていただきましたが，子どもの実態や教師の経験，学校や地域の状況など様々な要因が違う中，全ての情報が役立つ訳ではありません。ぜひ取捨選択していただき，その上でご活用いただければと思います。

　本書はネタ本のような即効性はありませんが，栄養素が血となり肉となるように，図工指導で大切な部分を身につけていただける本になったと信じております。

　ところで，前著『絵心がない先生のための図工指導の教科書』を執筆したことをきっかけに，いろいろなことを経験しました。その中で，素晴らしい先生方との新しい出会いがあり，多くのことを教えていただく機会を得ました。そのおかげで，自分がまだまだ図工の奥深さを知らないことや，今後も

まだまだ学んでいかなければいけないことに気づかされました。

　また，図工専科の仲間達からも，本書の内容にかかわる話をたくさん聞かせてもらい，参考にさせていただきました。ですので，本書は私が執筆した形をとっていますが，多くの図工にかかわる方々との出会いによって成り立っているのだと感じております。

　経験年数は長くなったものの，まだまだ未熟で迷いながら歩み続けている状態ですが，本書の執筆にあたっては図工に携わる先生方のお役に立てることを第一に考えながら取り組ませていただきました。本書とこの本を手に取っていただいたあなたとの出会いが，価値のあるものになりましたことを願うばかりです。

　私は図工作品アイディア集「図工人」（https://zukoujin.com/）を運営し，図工の情報をインターネット上で発信しています。そこでは，題材例を多くの写真つきで紹介したり，季節の掲示物を掲載したりしております。このサイトもあわせてご覧いただき，参考にしていただけますと幸いです。

　前著に引き続き，再びこのような素晴らしい執筆の機会を与えていただきました明治図書の茅野現様をはじめ教育書部門編集部の皆様には，大変感謝しております。末尾ながら，この場をお借りしてお礼申し上げます。

【著者紹介】
細見　均（ほそみ　ひとし）
兵庫県公立学校勤務。
普通学級担任として十数年勤務後，1995年より図工専科教員になり現在に至る。2006年より5年間，市の造形教育研究会の代表を務めた。図工に関する情報発信のため，2009年からは，図工作品アイディア集「図工人」(https://zukoujin.com/) を運営。
著書に『絵心がない先生のための図工指導の教科書』（明治図書）がある。

絵心がない先生のための図工指導のコツ50

| 2018年9月初版第1刷刊 | ©著　者　細　見　　　均 |

発行者　藤　原　光　政
発行所　明治図書出版株式会社
http://www.meijitosho.co.jp
(企画)茅野　現 (校正)嵯峨裕子
〒114-0023　東京都北区滝野川7-46-1
振替00160-5-151318　電話03(5907)6701
ご注文窓口　電話03(5907)6668

＊検印省略　　　　組版所　広　研　印　刷　株　式　会　社

本書の無断コピーは，著作権・出版権にふれます。ご注意ください。
教材部分は，学校の授業過程での使用に限り，複製することができます。

Printed in Japan　　　　ISBN978-4-18-158718-5
もれなくクーポンがもらえる！読者アンケートはこちらから →

絵心がなくても図工の指導はプロフェッショナルになれる！

絵心がない先生のための図工指導の教科書

細見 均 著

●A5判 ●152頁 ●本体 2,000円＋税 ●図書番号 1578

「絵心がないので絵の指導に自信がもてない…」「手先が不器用な私が、工作をどう教えればよいのか…」そんな悩みを抱えていませんか。本書では、たとえ絵心がなくても、楽しく力のつく図工の授業ができるアイデアが満載です。授業で使えるワークシートもつけてお届け！

小学校図工の授業づくりの基礎・基本

小学校 図工の授業づくり はじめの一歩

南 育子 著

●四六判 ●176頁 ●本体 1,800円＋税 ●図書番号 2097

指導計画の立て方から授業準備、授業中の活動支援、材料や作品の保管、評価まで、図画工作の授業を考えるうえで外せない要素を、プロ中のプロが解説します。魅力的な題材の開発方法も一からかみ砕いて解説。明日の図画工作授業が楽しみになること間違いなしの一冊です。

明治図書 携帯・スマートフォンからは **明治図書ONLINEへ** 書籍の検索、注文ができます。 ▶▶▶

http://www.meijitosho.co.jp ＊併記4桁の図書番号（英数字）でHP、携帯での検索・注文が簡単に行えます。

〒114-0023 東京都北区滝野川7-46-1 ご注文窓口 TEL 03-5907-6668 FAX 050-3156-2790